KB200429

결혼에 관하여

ON
MARRIAGE

팀 켈러의 인생 베이직

결혼에 관하여

지은이 | 팀 켈러, 캐시 켈러
옮긴이 | 윤종석
초판 발행 | 2020. 9. 9.
13쇄 발행 | 2025. 1. 24.
등록번호 | 제1988-000080호
등록된 곳 | 서울시 용산구 서빙고로65길 38
발행처 | 사단법인 두란노서원
영업부 | 02)2078-3333 FAX | 080-749-3705
출판부 | 02)2078-3330

책값은 뒤표지에 있습니다.
ISBN 978-89-531-3823-0 04230
       978-89-531-3825-4 04230 (세트)

독자의 의견을 기다립니다.
tpress@duranno.com www.duranno.com

두란노서원은 바울 사도가 3차 전도 여행 때 에베소에서 성령 받은 제자들을 따로 세워 하나
님의 말씀으로 양육하던 장소입니다. 사도행전 19장 8-20절의 정신에 따라 첫째 목회자를
돕는 사역과 평신도를 훈련시키는 사역, 둘째 세계선교™와 문서선교 단행본·잡지 사역, 셋째 예
수문화 및 경배와 찬양 사역, 그리고 가정·상담 사역 등을 감당하고 있습니다. 1980년 12월
22일에 창립된 두란노서원은 주님 오실 때까지 이 사역들을 계속할 것입니다.

●

팀 켈러의
인생 베이직

결혼에 관하여

ON
MARRIAGE

팀 켈러, 캐시 켈러 지음   윤종석 옮김

두란노

B

D

M

우리 부부의 결혼식에서
주례를 맡아 주었고
신학뿐 아니라
우리 부부가 나아가야 할
결혼 생활의 방향까지 바르게 잡아 준
R. C. 스프로울 박사를 추모하며.

삶은 여정이요, 그 여정의 기초는 하나님을 찾고 아는 데 있다. 결혼을 앞두고 있거나 아이가 태어나거나 또는 나이를 불문하고 죽음의 순간을 마주할 때면 으레 생각이 많아지고 깊어진다. 일상이라는 쳇바퀴에 매여 있던 우리도 그런 순간들만은 잠시 일상에서 벗어나 예부터 인류가 거듭해 온 중대한 질문을 스스로에게 던지곤 한다.

◊ 나는 무엇을 위해 살고 있는가?
◊ 인생에 찾아온 이 새로운 시기를 헤쳐 나갈 수 있을까?
◊ 나는 하나님 안에 바로 서 있는가?

인간에게 일어날 수 있는 가장 근본적인 변화는 성경이 말하는 거듭남^{요 3:1-8} 즉 "새로운 피조물"이 되는 것이다.^{고후 5:17} 물론 이는 살면서 어느 때에나 벌어질 수 있는 일이지만, 대개 우리가 그리스도를 믿게 되는 결정적인 계기는 앞서 말한 지각변동 같은 시기에 찾아온다. 우리 부부가 45년을 사역하면서 보니, 많은 사람들이 특히 인생의 큰 전환기에 열린 마음으로 하나님과의 관계를 탐색했다.

삶의 중대한 변화를 맞이하는 이들이 '진정으로 변화된 삶'이 무엇인지 생각하도록 돕고 싶어 이 소책자 시리즈를 마련했다. 인생에서 가장 중요하고 뜻깊은 순간들을 기독교적 기초 안에서 바라볼 수 있게 하는 것이 이 시리즈의 목적이다.

시리즈 전체 흐름은 세상에 태어남과 세례로 시작해 결혼으로 넘어가 죽음으로 맺으려 한다. 이 작은 책들이 길잡이가 되어 당신에게 위로와 지혜를 더해 주고, 무엇보다 평생 하나님을 찾고 아는 길을 가리켜 보여 줄 수 있기를 바란다.

1

결혼관,
'내 신앙의 민낯'을
마주하다

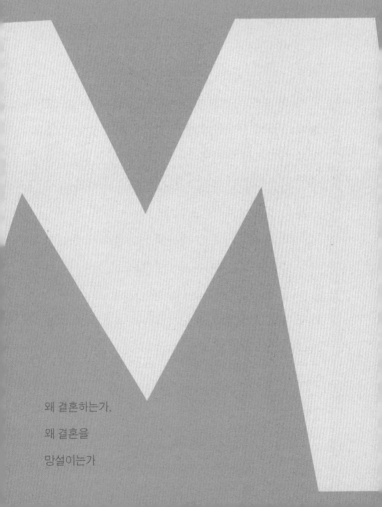

왜 결혼하는가,

왜 결혼을

망설이는가

왜 굳이 결혼을 하는가?

전통적인 서구 기독교 결혼식에서 거의 늘 등장하는 표현이 있다. "하나님은 인류의 복지와 행복을 위해 결혼 제도를 만드시고 신성하게 하셨습니다."[1] 맞는 말이지만 현대인들은 거기서 논의를 끝낼 수 없다.

이는 과거 어느 시대보다도 지금 더 긴급한 문제다. 옛날에는 결혼해 자녀를 낳아야 어엿한 사회 구성원이 되었다고 여겼다. 대부분의 사람이 그렇게 살았다. 그러나 오늘날 서구 국가의 젊은이들은 전례 없는 비율로 결혼을 뒤로 미룬다.

미국의 전체 밀레니얼 세대^{1980년대 초반부터 2000년대 초반 사이에 태어난 세대-편집자} 가운데 3분의 1은 40세까지 결혼하지 않은 상태일 수 있으며, 아예 결혼하지 않을지도 모르는 사람이 25퍼센트로 이는 현대사의 어느 세대보다도 높은 비율이다.[2] 이유가 무엇일까?

이토록 많은 사람들이 결혼을 선택하지 않는 데는 크게 두 가지 이유가 있다. 하나는 경제적 스트레스, 또 하나는 문화에 팽배한 개인주의다.

결혼을 둘러싼
잘못된 신념들

싱글들 사이에 만연한 다음과 같은 신념에서 경제적 요인을 볼 수 있다. 결혼하려면 먼저 좋은 직장에 취직해 경제적으로 안정되어야 하고, 배우자 쪽도 당연히 그래야 한다고 생각한다. 그 배후에는 결혼 생활은 자원을 축낼뿐더러 특히 아이가 태어나면 더더욱 그렇다는 전제가 깔려 있다. 따라서 고정 수입이 보장돼 있어야 하고, 통장 잔고도 충분해야 하며, 어쩌면 투자 포트폴리오까지 혼전에 다 갖추어야 한다는 것이 세간의 통념이다.

그러나 이런 관점은 현실의 통계와 어긋나고 전통적 결혼관과도 어긋난다. 전통적으로 인간이 결혼하는 이유는 경제적으로 기반을 잡고 안정되어서가 아니라 그렇게 되기 위해서였다. 결혼하면 특유의 경제적 이점이 따라온다. 결혼한 사람이 싱글보다 돈을 훨씬 많이 저축한다고 이미 여러 연구에서 입증되었다. 친구 사이보다 부부 사이가 상대방이 절약하게끔 서로 더 크게 독려해 줄 수 있기 때문이다. 또 부부는 삶에 시련이 닥칠 때 서로에게 버팀목이 되어 주므로 몸도 마음도 싱글에 비해 더 건강할 수 있다.

결혼하는 사람들이 줄어드는 또 다른 요인으로 전문가들은 "표현적 개인주의"를 지적한다.[3] 사회학자들이 즐겨 사용하면서 대중화된 이 말은 점점 확산되는 하나의 문화 동향을 가리킨다.

서구 전통 문화에서는 사람들이 관계 속에서 자아 정체성을 확립했다. 가정과 공동체 안에서, 나아가 하나님의 우주 안에서 내게 주어진 자리가 곧 '나는 누구인가'를 규정했다. 그런 관계 속에서 자신의 본분을 다함으로써 비로소 가치 있는 인간이 되었다.

그러나 현대 사람들은 자기 내면으로 그 방향을 돌렸다. 다른 사람들이 나를 두고 하는 말이나 생각이 '나는 누구인가'를 규정해서는 안 된다. 가치 있는 인간이 되려면 자신의 가장 깊은 갈망과 감정을 찾아내서 표출해야 한다. 먼저 내가 누구인지를 스스로 정한 다음에야 관계 속에 들어갈 수 있는데, 단,

내 기준의 나를 상대 쪽에서 받아들이는 한에서만 그렇다.

우리 문화는 무수한 방식으로 이런 현대적 관점의 정체성을 우리 안에 불어넣는다. 2016년에 개봉한 미국 기준 애니메이션 〈모아나〉를 보면, 폴리네시아 어느 섬의 추장이 딸 모아나에게 입버릇처럼 하는 말이 있다. 모아나는 섬의 차기 지도자이니 앞으로 많은 전통적 책임을 다해야 한다는 것이다.

하지만 모아나는 모험을 찾아 바다로 나가고 싶어 한다. 그런 모아나에게 할머니는 친근한 노래 형식을 빌려, 모아나의 "참자아"는 의무와 사회적 책임을 다하는 것이 아니라 내면 깊이 잠재한 갈망을 표출함으로써 찾을 수 있다고 가르친다. 그러면서 손녀에게 "마음속의 목소리"가 갈망을 따르라고 한다면 "그 내면의 소리가 **바로 너란다**"라고 말해 준다.[4]

텔레비전, 영화, 광고, 교실, 책, SNS, 일상 대화 등 온 사방에서 이 같은 메시지가 우리를 공격해 온다. 그러다 이제는 재론의 여지조차 없어졌다. 은근슬쩍 그것이야말로 진정한 인간이 되는 길인 양 단정된 것이다.

이렇게 정립된 현대식 자아는 그동안 결혼에 적지 않은 영향을 미쳤다. 이제 우리는 고유의 자아 정체성을 스스로 정립하기 전에는 결혼을 생각해 볼 마음조차 없다. 내가 누구인지 직접 다 정하기 전에는 어느 누구의 말도 들으려 하지 않는다. 그뿐만 아니라 모든 관계를 자신에게 유익한 선에서 한시적으로만 맺으려 할 뿐 영속적 구속력을 띠는 관계는 원치 않는다.

이렇게 영속성 탈피에 기준을 두면 결혼, 특히나 자녀 양육은 애물단지로 변한다. 결혼한 상태를 끝내기란 어려울뿐더러 자녀와 연을 끊는 일은 사실상 불가능하기 때문이다. 배우자나 자녀와의 관계 때문에 당신의 "참자아"를 표현할 수 없다면 어찌할 것인가?

그래서 많은 현대인이 자신은 달라질 생각이 전혀 없으면서 자신이 목표를 이룰 수 있게 배우자가 물심양면으로 도와주기를 바라고, 그런 배우자를 만났다는 결단이 설 때에만 결혼을 결심한다.

하지만 타인과의 관계 대신 자신의 내면을 바라봐야만 자아를 발견한다는 생각은 착각이다. 모든 인간의 마음속에는 서로 모순되는 깊은 갈망이 다양하게 존재한다. 두려움과 분노 곁에 희망과 포부도 공존한다. 우리는 이런 모순되는 갈망 가운데 '진짜 내가 아닌' 부분을 정해서 골라내려 한다. 하지만 **그것들이 전부** 나의 일부라면 어찌할 것인가? 무엇이 '나'이고 무엇이 아닌지를 어떻게 가르는가?

답은 우리가 어떤 개인이나 공동체 집단을 우러르고 존중하게 되어 그들의 관점으로 내 마음의 각종 충동을 체질하고 평가한다는 것이다. 다시 말해서 세간의 주장과는 달리 **실제로** 우리의 정체성은 우리의 내면을 보아서만 아니라 여러 중요한 관계와 내러티브를 통해 확립된다. 자신을 보는 우리의 시각은 근본적으로 그렇게 만들어진다. 자기 내면만 보아서는 **불가능한 일**이다.

전통적 결혼관은 다음과 같은 점에서 지혜로웠다. 당시 사람들은 결혼 생활을 통해 자신의 정체성이 깊이 있게 빚어지고 다듬어질 것을 직관으로 알

왔다. 정체성이란 일상에서 우리 가까이 있는 중요한 타인들과 부대끼는 과정에서 확립되기 때문이다. 심리학자 제니퍼 B. 로즈의 말처럼 "과거에는 사람들이 선뜻 결혼을 결정하고 나서 차차 그 의미를 배워 갔다."[5] 자신의 정체성을 발견하는 데 사랑하고 존중하는 사람과 결혼한 뒤에 둘이 함께 알아 가는 것보다 더 좋은 방법이 무엇이겠는가?

요약하자면 오늘날 결혼율이 감소하는 이유는 결혼에 관한 두 가지 잘못된 신념에서 비롯된다. 바로 결혼이 재정을 고갈시킨다는 것과 개인의 자유와 정체성을 실현하지 못하도록 방해한다는 것이다.

우리를 위해
제정된 결혼

그러나 사회과학자들이 정리한 증거에 따르면 그 두 가지 관점은 옳지 않으며, 결혼은 경제적으로나 심리적으로나 우리에게 매우 유익하다. 아울러 그들

전통적 결혼관은
다음과 같은 점에서 지혜로웠다.
당시 사람들은 결혼 생활을 통해
자신의 정체성이 깊이 있게 빚어지고
다듬어질 것을 직관으로 알았다.
정체성이란 일상에서 우리 가까이 있는
중요한 타인들과 부대끼는 과정에서
확립되기 때문이다.

이 보여 주었듯이 전통적인 가정 형태는 아이의 행복에 매우 중요하며, 양쪽 부모가 다 있는 가정에서 자라는 자녀가 훨씬 잘된다. 그리스도인에게 이런 연구 결과는 전혀 놀랄 일이 못 된다.[6]

창세기에 보면 하나님은 인류를 창조하실 때부터 결혼을 만드셨다. 물론 이것을 성인이라면 모두 반드시 결혼해야 한다는 가르침으로 이해해서는 안 된다. 예수님도 이 땅에서 싱글로 사셨다. 그분이 바람직한 인간상의 훌륭한 귀감이신 만큼, 우리는 일부 문화처럼 꼭 결혼해야만 인간성이 온전히 실현된다고 주장할 수 없다. 그렇다고 해서 서구 문화처럼 결혼은 신석기 시대에 재산권을 보호할 목적으로 생겨났을 뿐이므로 이제는 마음대로 개조하거나 폐기해도 된다고 보아서도 안 된다.

웬델 베리는 성관계를 부부간에 즐기든 혼외에서 찾든 그것은 "철저히 사적인 결정"이라는 현대 사상을 지적하며 이렇게 이의를 제기했다. "남녀 간 성적 결합은 '일신상의 일'이 아니며 그럴 수도 없다. 또한 부부간의 사적인 문제만도 아니다. 흔히 있는 반드시 필요하고 소중하면서도 불안정한 다른 힘과 마찬가지로 섹스도 모든 사람의 일이다."[7]

혼외 관계에서 나누는 정사는 사생아를 낳고, 종종 질병을 퍼뜨리며, 타인을 인격체가 아닌 쾌락의 도구로 대하게 만든다. 이 모두가 사회 환경에 지대한 영향을 미치며, 그런 환경은 다시 모든 사람에게 영향을 미친다.

이런 사고방식은 현대 서구인의 직관에 매우 반하지만, 다른 시대와 다른 지역의 대부분의 사람들에게는 지극히 자연스러웠다. 결혼에 관한 당신의 선택은 결국 사적인 결정이 아니라 주변 모든 사람에게 영향을 미친다.

결혼은 우리를 위해 만들어졌고 인류는 결혼하도록 지음받았다.

실패할까 봐
두려워서

그런가 하면 현대인이 결혼을 꺼리는 현상을 이런 이유로 설명하는 사람도 많다. "우리 부모님은 무척 힘든 결혼 생활을 이어 오셨다. 나는 그렇게 살기 싫다."

부부간의 불화를 겪기도, 실패하기도 싫다는 두려움 때문에 많은 사람이 배우자가 될 상대를 아예 찾지 않거나, 찾더라도 흠이나 인간적 약점이 거의 없는 사람을 고르려 한다. 부모가 이혼했으니 자신도 결혼한들 이혼으로 끝날 소지가 높다고 예단하는 사람도 있다.

〈애틀랜틱*Atlantic*〉에 실린 조 핀스커의 기사를 보면, 그게 사실이 아님이 최근 연구에서 밝혀졌을뿐더러 오히려 과거에 접했던 불행한 결혼은 행복한 결혼을 일구는 데 자극이 될 수 있다.[8]

기사에 실린 저스틴 랭이라는 남자의 이야기를 보자. 그의 아버지와 어머니는 이혼한 뒤에 아버지는 두 차례, 어머니는 세 차례 재혼했다. 그래서 그는 결혼 생활이란 무조건 너무 힘드니 자신은 절대 결혼하지 않겠다고 결심했다. 그러다 한 여자를 만나 사랑에 빠졌고 결혼해 지금까지 행복하게 살고 있다. 어찌된 일일까?

"그는 자신이 현재 행복한 이유를 …… 부모의 전철을 밟지 않고 **그 반대로** 살기 때문이라고 밝힌다."[9] 실패한 부모처럼 **하지 않음으로써** 행복한 결혼을 일구는 법을 배웠던 것이다.

무엇보다 그는 자기 부모가 저지른 가장 큰 과오를 짚어 냈다. 말로는 평생 헌신하겠다 해 놓고 "그대로 실천할 마음이 없었다"는 것이다. 이혼이 꼭 필요할 때도 있으며 성경도 이를 허용한다. 그러나 실제로 많은 추적 연구에서 입증된 바로는, 현재 결혼 생활이 불행하다고 말하는 이들도 만일 결혼 생활을 계속 유지할 경우 그중 3분의 2가량은 5년 안에 다시 행복해진다고 한다.[10]

랭의 삶을 보라. 짝만 잘 만나면 부모처럼 싸우지 않으리라는 믿음은 착각이다. 그는 결혼 생활이 힘들 거라는 두려움을 극복했고, 부부 싸움에 대한 두려움도 물리쳤다. 물론 힘들었고 배우자와 다투기도 했다. 그러나 비결은 어떤 상황에서도 그런 것들 때문에 서로를 향한 헌신이 약해지지 않는 데 있었다.

랭은 말한다. "오늘 별의별 시시한 일로 기분이 상할 수 있지만 나중에도 그게 중요할까? 그냥 그러려니 넘겨 버리고 중요한 부분에 집중하라."[11]

성sex에 관한
오해

과거에 비해 오늘날 남자들이 결혼에 관심이 줄어든 데는 연구자들과 남자들 스스로가 흔히 꼽는 이유가 더 있다. 여러 연구에서 언급했듯이, 언제든지 성관계가 가능해진 현실도 결혼율이 감소하는 이유다.[12] 우리도 남자들에게서 똑같은 말을 직접 자주 들었다. "이전에는 결혼해야만 성관계가 가능했는데 이제 완전히 달라졌습니다."

이런 태도는 성행위를 상품으로 취급한다. 한때는 그 상품의 값이 비쌌다. 독립을 포기하고 결혼해야만 성관계가 가능했으므로 그만큼 대가가 컸다. 그런데 이제는 그리 큰 대가를 치르지 않고도 성관계를 즐길 수 있다. 이런 식의 담론에서는 혼외 정사도 육체적으로나 정서적으로 부부간의 잠자리 못지않거나 어쩌면 더 나을 수도 있다고 여긴다.

처음부터 기독교는 새로운 혁신적 성관념을 세상에 들여놓았다. 성교는 쌍방적 헌신의 한 단면—고유의 희열과 위력을 지닌 불가분의 한 요소—에 불과하다. 나를 제대로 알지도 못하는 사람이 내게 사랑과 존경을 보낸다면 그때 느끼는 만족감은 상대적으로 작다. 상대가 나를 잘 아는데 나를 사랑하지 않고 거부한다면 이는 최악의 악몽이다. 그런데 내가 존경하는 누군가가 내 약한 모습까지 다 알고도 나를 온전히 받아들이고 사랑한다면? 그럴 때 우리는 최고로 만족감을 느끼게 된다.

결혼이라는 틀 안에서 부부는 독립성을 잃어 취약해지며 서로 의존하게 된다. 적당히 거리를 둔 채

한시적이고 잠정적인 거래 관계처럼 배우자를 대할
수 없다. 부부는 정서적, 육체적, 법적, 경제적으로
서로에게 자신을 전부 내준다.

초기 그리스도인들의 경이로운 성윤리에 따르면,
성교는 그런 전폭적 헌신의 상징이자 수단이며, 따
라서 다른 어떤 목적으로도 쓰여서는 안 된다. 성관
계를 맺는 이유가 딴 데 있다면 이는 그것을 한참 오
해한 처사였다. 몸을 허락하려면 남녀 간에 평생의
혼인 언약을 함으로써 서로에게 삶 전체를 열어 보
여야 한다. 그런 상황에서만 성교는 본연의 의도대
로 충만한 연합 행위가 된다.

"혼외 정사는 없다"는 이 새로운 성규범은 지나치
게 엄격한 제약처럼 보였으므로 로마 세계는 충격에
휩싸였다.[13] 그러나 한낱 쾌락을 제공하는 상품이던
성교가 덕분에 오히려 두 인간 사이에 가장 깊은 유
대감과 공동체를 창출하는 길이자 또한 하나님을 높
이고 닮아 가는 길로 격상되었다. 그분이 우리에게
자신을 전부 내주신 덕분에 우리도 해방되어 오로지
그분께만 자신을 내드릴 수 있다.

음행을 피하라 …… 너희 몸은 너희가
하나님께로부터 받은 바 너희 가운데 계신 성령의
전인 줄을 알지 못하느냐 너희는 너희 자신의 것이
아니라 값으로 산 것이 되었으니 그런즉 너희
몸으로 하나님께 영광을 돌리라. 고전 6:18-20

고대 로마 시민처럼 많은 현대인도 성경의 성윤리를 멋없는 제약이라 여긴다. 그러나 소위 한물갔다는 기독교적 관점이 성에 대한 우리의 더 깊은 직관에 여전히 강한 울림을 준다는 징후와 증거가 많이 있다.

전인적 합의가
뒤따라야 한다

〈뉴욕 타임즈 *New York Times*〉에 한 여자가 온라인 데이트 앱에서 만난 남자와 가진 성관계를 기술한 글이 실렸다. 그녀는 서른에 가까웠고 남자는 스물네 살이었으나 나이 차이는 중요해 보이지 않았다.

그녀는 이렇게 밝힌다. "[남자가] 사사건건 내 합의를 구했다."[14] 그는 그녀의 스웨터를 벗겨도 되는지 물었고, 그녀가 허락하자 다시 탱크톱과 브래지어를 벗겨도 되는지 차례로 물었다. 그녀는 시시콜콜 일일이 허락을 구하지 않아도 된다고 그에게 웃으며 말해 주었다. 그간 젊은 남자들의 "성교육"에 "극적인 변화"가 있었던 탓에 그들은 자꾸 구두로 합의를 구한다.

그녀는 당시를 이렇게 회상한다. 잠자리가 다 끝난 뒤 "나는 그게 일종의 배려로 느껴져서 오히려 좋았다. 그런 식의 배려에 내가 익숙하지 않았을 뿐이다."[15] 아주 친밀감이 들었다는 것이다.

그런데 나중에 그녀가 문자를 보내자 그는 답이 없었다. 그냥 "잠적해" 버린 것이다. 그녀는 친구들에게 "남자가 거듭 내 합의를 구해서 성관계가 무언가 신성한 행위처럼 느껴졌거든? 그래 놓고는 사라져 버린 거야"라고 허탈한 심정을 고백했다. 그녀는 몹시 상처받았지만 친구들은 그녀의 상심에 공감하지 못했다.

그 뒤로 몇 주 동안 곰곰 생각해 보니 현재 우리
문화에서 말하는 합의의 의미는 폭이 너무 좁다.
…… 합의를 성적인 부분으로만 국한시키면
의미가 없어진다. 몸은 나의 정체성을 이루는
복잡한 성운星雲의 한 부분일 뿐이다. 합의 문화의
근거를 몸에만 둔다면 이는 육체만 배려하면
된다는 사고와 같다. 그보다는 합의를 …… 상대의
전인격을 배려하는 것으로 볼 수 있다면 좋겠다.
…… "내가 당신을 배려하는 것처럼 행동하다가
다음 날 사라져 버려도 될까요?"라는 물음에
그러라고 답할 사람은 많지 않을 테니 말이다.[16]

하나님이 설계하신 결혼과 성이 성경에 말한 대
로라면, 이 여자의 경험은 놀랄 일이 못 된다. 서로에
게 삶 전체를 주지 않으면서 몸만 준다면 이는 자아
의 통합성을 인식하지 못한 처사다. 하나의 오롯한
인격체에서 몸만 떼어 낼 수는 없다.

남녀 간에 가지는 성관계는 진정 서로의 삶을 주
고받는 행위라야 한다. 나중에 제멋대로 떠날 사람

에게 몸을 내주면 인간성이 말살된다. 그 사람은 당신을 사랑하지 않는 것이기 때문이다.

합의에 관해 말하자면 그리스도인의 관점이 가장 깊고도 폭넓다. 부부 사이에서만 잠자리를 허용할 수 있다는 그리스도인들의 말은 성행위에는 전인적 합의가 뒤따라야 한다는 뜻이다.

배우자를
찾고 선택할 때

그렇다면 결혼은 어떻게 시작되는가? 물론 대다수 독자는 배우자가 될 사람을 열심히 찾아 나서야 한다고 답할 것이다. 하지만 이는 현대식 답이다. 과거에는 집안에서 배우자를 정해 주었다. 불과 백 년 전까지만 해도 선택은 본인이 내릴지언정 선택의 폭은 집안에서 정해 주었다. 대다수 사람의 생활 반경이 지금보다 좁았으므로 비교적 적은 인원수 중에서 배우자를 골라야 했다. 또한 어려서부터 쭉 직접 만

남녀 간에 가지는 성관계는
진정 서로의 삶을 주고받는 행위라야 한다.
나중에 제멋대로 떠날 사람에게 몸을 내주면
인간성이 말살된다.
부부 사이에서만 잠자리를 허용할 수 있다는
그리스도인들의 말은
성행위에는 전인적 합의가
뒤따라야 한다는 뜻이다.

나 서로 교류하면서 사실상 그들 전부를 평가할 수 있었다.

하지만 지금은 완전히 달라졌다. 데이트 앱에 들어가면 약 3천만 명의 가입자가 당신을 기다리고 있다. 배우자 후보가 하도 많아 머리가 어찔할 정도이고, 그중에서 고르다 지칠 수도 있다. 설령 두려움을 극복한다 해도, 수천 명의 사람을 직접 만나 보지 않고 온라인으로만 만나 평가한다는 방식 자체 때문에 배우자가 될 사람을 찾는 일이 쇼핑 경험으로 변질될 수 있다. 인성을 알 수 없으니 키와 몸무게와 외모 등으로 비교해야 하고, 그 과정에서 인격체가 소비 상품으로 전락하는 것을 피할 수가 없다.

문제는 SNS가 없던 시절에도 그런 식으로 행동하는 경향이 우리에게 너무 농후했다는 것이다. 싱글인 사람이 여러 싱글들이 모여 있는 방에 들어가면 본능적으로 외모와 재정 면에서 자기 기준 미달인 이성을 은연중에 '배우자가 될 만한 사람 리스트'에서 제외한다. 그렇게 일차로 걸러 내고 남은 인원을 다시 보면서 성격, "통하는" 느낌, 궁합 따위를 따져

본다. 문제는 당신이 이미 제쳐 둔 그 사람들이 바로 당신이 원하는 조건들을 가진 그 사람일 수 있다는 것이다.

SNS와 데이트 앱은 그런 자멸을 부르는 전략을 몇 배로 더 증폭시킬 뿐이다. 우선 온라인상에 올라온 교제 대상들은 자신의 모습을 철저히 여과한다는 게 큰 문제다. 성격 좋고 잘 통하는 사람을 찾고 싶은데 한 연구자의 지적처럼 "그것을 온라인으로 판별할 수 있다는 증거가 없다."

노스웨스턴대학교의 일라이 핑클에 따르면, 오히려 온라인일수록 오해가 난무한다. "당신은 어련히 알아서 한다고 생각하지만, 사실은 서로 마주 앉아 음료라도 한잔해 봐야 한다."[17]

그렇다면 온라인으로 사람을 만나려 해서는 안 된다는 말인가? 꼭 그렇지는 않다. 다만 반드시 이런 식으로 진행하기를 권한다. 첫째, 배우자가 될 사람을 "쇼핑하듯" 골라서는 안 된다. 순전히 외모와 재정만 보고 사람을 배제시키지 말라. 둘째, "서로 마주 앉아" 이야기 나누며 알아 갈 수 있는 기회를 마련하라.

일단 상대와 마주 앉을 기회를 마련했다면 거기서 무엇을 보아야 할까?

그리스도인이라면

신자 중에서 배우자 찾기

언뜻 보면 편견 섞인 말 같지만, 기독교 신앙을 공유하지 않은 사람은 당신의 신앙을 이해하지 못한다. 당신이 생각하고 살아가는 방식에 신앙이 조금이라도 중요하다면, 결국 상대는 아예 당신을 이해하지 못하는 셈이다.

결혼 생활이 행복하려면 당연히 서로 말이 "통해야" 하는데 신앙이 같지 않으면 그럴 수 없다. 신앙이 다른데도 배우자와 관계가 깊어지려면 하루하루 지날수록 당신의 생각과 마음에서 예수님을 자꾸만 주변으로 밀어내야만 한다.

바울은 가장 깊은 신념을 공유하지 않은 사람과 가장 가까운 관계로 "멍에를 함께 메지 말라"고 그리스도인들에게 권고했다. 이는 키도 몸무게도 걸음

걸이도 제각각인 서로 다른 두 동물, 예컨대 소와 나귀에게 멍에를 함께 씌우려는 농부에게서 따온 은유다. 그렇게 하면 묵직한 나무 멍에 덕분에 팀의 노동력이 극대화되기는커녕 오히려 **양쪽 동물 모두** 살가죽이 쓸려 벗겨진다.

마찬가지로 결혼도 믿음을 실천하는 그리스도인과 그렇지 않은 사람이 하면 양쪽 다 억울하고 괴로울 수 있다.

청춘의 외모를 잃어도
여전히 매력 있을 사람 찾기

부부 사이에는 신체적 매력도 중요하지만 사실은 더 깊은 다른 매력이 기초가 되어야 한다. 아가서에 보면 "그대 눈짓 한 번에 …… 그만 반했소"아 4:9, 새번역라고 연인이 고백한다. 아가서는 부부 사이 성애를 예찬하는 책인데, 본문에서 가장 눈길을 끄는 신체 부위는 서로의 눈이다.

이는 아름다운 외모에 방점을 둔 표현이 아니다. "상대의 눈짓" 한 번에 상대의 성격과 인성을 알 수 있다. 실제로 몸이 늙어 아름다움을 잃어도 눈빛에 담긴 배려와 지혜와 기쁨과 사랑은 더욱 그윽해질 수 있다. 상대의 눈에 매료되었다는 말은 곧 그 사람의 심성에 끌렸다는 말이다.

로맨틱한 매력에서 외모도 빼놓을 수 없지만 그게 가장 중요한 부분이어서는 안 된다. 평생 가는 외모는 없기 때문이다. 바울이 고린도후서 4장 16절에 말했듯이 신자는 몸이 늙어 쇠약해져도 속으로는 더 강건하고 아름다워질 수 있다. 서로의 아름다운 내면에 주목할수록 몸도 더 곱게 나이가 들어간다. 세월이 흘러 물리적 매력은 사그라진다 해도 말이다.

결혼까지 가기 전에 두 사람의 관계에 대해

다른 사람들에게 조언 듣기

과거에는 당신이 사귀는 사람을 가족과 친구들이 모르는 경우가 여간해서 없었다. 그래서 당신과 상대를 둘 다 아는 많은 이들에게서 자연스럽게 상대에 대한 피드백을 받을 수 있었다.

그런데 오늘날의 우리는 휴대 전화에 의존해 살

아가는 유동적 존재로서 여기저기 옮겨 다닌다. 날마다 수많은 사람들을 만나지만 막상 그들은 우리를 잘 모른다. 반대로 정작 우리를 안 지 가장 오래된 많은 사람은 멀리 떨어져 있어 온라인으로 걸러지는 우리 모습밖에 "볼" 수 없다. 그러다 보면 가장 오래된 지인일수록 우리의 근황을 제대로 모르는 경우가 많다.

그 결과 우리는 점점 고립된 상태에서 많은 결정을 내려야 하는데, 연애와 결혼에 관련한 결정도 예외는 아니다. 하지만 결혼은 아주 중요한 선택이므로 경험으로 지혜가 쌓인 기혼자들의 말을 꼭 들어봐야 한다. 주변 기혼자들에게 조언을 구하고, 그 지혜를 잘 활용하라.

결혼 생활을
잘 시작하려면

일단 결혼했다면 알찬 백년해로의 기초를 어떻게

놓을 것인가?

결혼하기 전에 캐시는 결혼식 날이 "평생 가장 행복한 날"이라는 말을 수없이 들었다. 하지만 우리 부부는 그 말이 사실이 아니기를 진심으로 바랐다. 결혼식이 끝나고 난 뒤 하루하루 우리는 서로에게 적응하고 서로를 이해하며 섬기는 길로 한 걸음씩 나아갔다. 매일매일 회개와 용서의 열매가 무엇인지 더 배우고 누리는 시간이었다.

우리의 이런 태도는 R. C. 스프로울의 말에 영향을 입었을 수도 있다. 스프로울은 우리 결혼식 주례를 맡아 주었는데, 그가 언젠가 지나가듯 이런 말을 했다.

"베스타와 나는 결혼한 지 15년 되었는데 이제야 좀 감이 잡히네."

이런 말을 들으면 언뜻 눈앞이 아찔해질 수 있다. 결혼 15년차**에야 겨우** 감을 잡았다니 말이다.

하지만 우리가 45년을 부부로 살고 보니, 오히려 그가 '서로의 마음과 생활 리듬을 배우고, 건강한 관계를 위해 자아를 부인하고, 타인이 표현하는 낯선 사랑의 언어를 깊이 아는 데 걸리는 시간'을 너무 짧게 잡았다는 생각이 자꾸 든다.

학습 곡선이 길든 짧든 결혼을 더 잘 일구려면 누구나 시작을 잘해야 한다. 처음부터 기본으로 갖추어야 할 중요한 습관과 실천과 행동과 태도를 몇 가지만 꼽아 보았다. 이게 전부는 아니다[18]

화난 채로 잠자리에 들지 않기

다들 아는 상투적인 말이 되었지만 그 배후에는 확실한 성경적 근거가 있다. 바로 '해가 지도록 분을 품지 말라'는 바울의 지침이다. 엡 4:26 그러려면 각자의 불만을 억압하고 숨길 게 아니라 당신도 배우자도 몇 가지 새로운 기술을 익혀야 한다.

첫째, 힘든 점을 사실대로 표현하되 공격은 삼간다. 둘째, 배우자에게 상처를 입혔다면 진심으로 회개한다. 단, 변명을 늘어놓거나 지나치게 자책하여 배우자의 입에서 "그만둬, 다 내 잘못이야"라는 말이 나오게 해서는 안 된다. 셋째, 용서를 주고받는 법을 배워야 한다.

의학계의 정설에 따르면 잠자는 시간은 낮 동안 배우고 경험한 내용을 기억과 습관으로 처리하는 시간이다. 배우자에게 화난 채로 잠자리에 들면 원망하는 태도가 몸에 배고, 그게 자꾸 반복되면 분노와 증오가 체질화되는 비극이 발생한다. 화난 채로 잠자리에 들지 않으려면 어떻게 해야 할까?

　　다음 실천 항목을 보라.

함께 기도하는 것으로
하루의 마지막 말을 맺기

　　화난 상태로는 기도가 거의 불가능하다. ^{어쨌든 쉽지는 않다} 설령 5분 동안 자신의 삶과 가정에 하나님의 복을 구하기만 한다 해도, 그분의 임재에 들어가기 위해서는 반드시 먼저 분노를 내려놓아야 한다.

서로에게 부부 관계를
자주 선물로 주기

　　신혼부부에게는 쉬워 보일 것이다. 그러나 성욕도 다른 모든 에너지와 같아서 피곤할 때는 부부 사이의 성생활을 잊거나 '더 좋은 때'로 미루기 쉽다. 그렇게 자꾸만 미루다 친밀한 신체 접촉이 부족하면 부부 사이가 멀어질 수 있다. 그래서 우리는 의도적으로 "[선물로] 주다"give라는 단어를 썼다.

우리 모두는 왕성한 성욕이 부부에게 동시에 발동한다는 신화에 빠져 있지만, 사실은 대개 한쪽이 상대편보다 성에 더 관심이 많다. 그 경우 관심이 덜한 배우자는 성관계를 선물로 줄 수 있다. 독신자였던 바울도 문화를 거스르면서까지 성경에 똑같이 명했다.

> 남편은 그 아내에 대한 의무를 다하고 아내도
> 그 남편에게 그렇게 할지라 아내는 자기 몸을
> 주장하지 못하고 오직 그 남편이 하며 남편도 그와
> 같이 자기 몸을 주장하지 못하고 오직 그 아내가
> 하나니 서로 분방하지 말라 다만 기도할 틈을 얻기
> 위하여 합의상 얼마 동안은 하되 다시 합하라 이는
> 너희가 절제 못함으로 말미암아 사탄이 너희를
> 시험하지 못하게 하려 함이라. 고전 7:3-5

성생활의 특권이 온통 남자에게 있던 당시 세상에서 바울은 남편이나 아내나 서로의 몸에 평등한 권리를 갖고 있다고 역설했다. 또 합의 없이는 "서로 분방"하는 일은 좋지 않으며, 한다고 해도 단기간에 그쳐야 한다고 했다.

가정의 생활 방식과 전통, 부부가 직접 정하기

우리는 자라면서 부모나 기타 다른 어른들에게서 남자와 여자, 남편과 아내, 아버지와 어머니, 할아버지와 할머니가 어떤 역할을 담당해 오는지 지켜보았다. 그래서 무의식중에 그런 원형을 자신의 결혼 생활에 품고 올 수밖에 없다.

"남편은 아내를 **저렇게** 대하는 거다. 우리 집은 명절을 **이렇게** 보낸다. 휴가는 늘 바다로 가는 거다."

이런 단정은 부부 생활에 크고 작은 영향을 미친다. 따라서 부부가 그것을 의식적으로 다시 돌아봄으로써 새 가정에서는 어떻게 할 것인지 정하는 것이 가장 좋다.

우리가 결혼할 때 캐시가 품고 온 아버지상은 토요일이면 아내가 늦잠을 자도록 아침 식사를 요리하고 아기 기저귀도 척척 갈아 주는 사람이었다. 자녀가 다섯이라 관록이 쌓여 있었다 반면에 팀이 자라난 가정에서는 아버지가 새벽 5시에 출근해 저녁에 녹초가 되어 돌아왔다. 그래서 경제 활동으로 가족을 부양하는 일 외에는 그 어떤 집안일도 하지 않았다.

우리 큰아이가 태어난 지 얼마 안 되었을 때 팀의 부모님이 팀을 한쪽으로 불렀다. 아내의 부탁으로 기저귀를 가는 아들을 보며 '공처가'인가 싶어 걱정되었던 것이다. 그때 팀은 "어머니 아버지, 염려는 고맙지만 저희 집은 다르게 합니다"라고 공손하면서도 단호하게 말했다.

크리스마스 선물을 전날 저녁에 뜯을 것인지 당일 아침에 뜯을 것인지 부부가 함께 정하라. 아침에 일어나자마자 음악을 틀거나 텔레비전을 켤 것인가 말 것인가? 신혼집에서 함께 일어난 첫날 아침, 팀이 라디오를 틀자 캐시는 비명을 질렀다. 그것도 미리 의논했어야 했다.

정떨어지게 집안일마다 일일이 협상해 누가 제몫을 다하는지 따져야 한다는 말이 아니다. 남편과 아내가 맡은 성역할에 대해서는 다른 책에서 자세히 논했다. 요지는 새 가정에 맞는 새 전통을 부부가 함께 직접 세우고 만들어 가야 한다는 것이다. 매사에 어떻게 할지를 원가족에 기초해 혼자서만 단정해서는 안 된다.

서로의 "사랑의 언어" 배우기

우리가 지금까지 읽었던 중요한 책들 중에 저드슨 스위하트의 *How Do You Say "I Love You"?*^{사랑한다고 어떻게 말할 것인가?}가 있다.[19] 저자가 책 앞부분에 제시한 예화를 보면 독일어를 쓰는 남자가 프랑스어밖에 할 줄 모르는 여자에게 "이히 리베 디히"^{Ich liebe dich; 독일어로 "사랑합니다"라는 뜻}라고 말한다. 하지만 여자는 그 고백을 듣고도 남자의 진실한 사랑을 느끼지 못한다. 그가 그녀가 알아들을 수 없는 언어로 사랑을 표현했기 때문이다. 저자에 따르면 이는 당연한 일이다. "대다수 사람은 자기가 알아듣는 언어밖에 할 줄 모

새 가정에 맞는 새 전통을
부부가 함께 직접 세우고
만들어 가야 한다.
매사에 어떻게 할지를
원가족에 기초해
혼자서만 단정해서는 안 된다.

르기" 때문이다.[20]

　이어 저자가 강조했듯이 사람마다 사랑받고 싶은 방식이 다르다. 우리 경험으로 봐도 정말 맞는 말이다 우리에게 혼전 상담을 해 줄 때 R. C. 스프로울은 자기 부부 사이에 있었던 일화를 예로 들었다. 그는 생일 선물로 새 골프채 세트를 받고 싶었다. 필요하긴 해도 직접 선뜻 사게 되지 않는 물건이었기 때문이다. 하지만 실속을 중시하는 아내 베스타는 그에게 흰색 셔츠 여섯 벌을 새로 사 주었다. 한편 아내 생일에 그는 멋진 코트를 선물했다. 물론 아내는 놀라고 좋아했지만 사실 그녀가 정말 바란 것은 세탁기였다. 둘 다 서로의 사랑의 언어를 놓친 채 각자의 언어로만 말했던 것이다.

　우리 부부의 경우 팀이 집안일을 적극적으로 도와주면 그것이 캐시에게는 말로 사랑을 고백받거나 심지어 선물을 받을 때보다 정서적으로 훨씬 더 크게 다가온다. 다시 말해서 팀이 다른 식으로 표현하는 것보다 그런 식으로 사랑한다고 "말할" 때 캐시는 훨씬 더 사랑받는다고 느낀다. 그녀의 언어로 말하기 때문이다.

"사랑의 언어"의 다양한 종류는 스위하트를 비롯한 여러 사람이 이미 다루었다. 함께 시간 보내기, 정서적 필요 채워 주기, 말로 표현하기, 스킨십으로 표현하기, 같은 편 되어 주기, 서로의 가장 좋은 면을 보아 주기 등 많이 있다. 배우자의 가장 값진 언어를 알아내 그 언어를 점점 더 유창하게 구사하는 게 중요하다. 설령 당신에게는 그 언어가 그다지 중요하지 않더라도 말이다.

서로 대화하고 합의하여 지금부터 위에서 소개한 실천 항목 다섯 가지를 직접 실천해 보라. 지금까지와는 다른 멋진 결혼 생활이 다시 시작될 것이다.

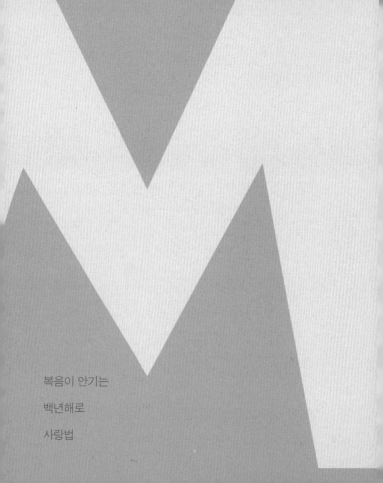

2

배우자가 너무 좋을 때,
배우자를
포기하고 싶을 때

복음이 안기는

백년해로

사랑법

성경은 창세기의 결혼으로 시작해 요한계시록의 결혼 즉 어린양의 혼인 잔치로 끝난다. 기독교적 관점에서 결혼은 우리에게 하나님과 복음을 가리켜 보인다. 또한 동시에 우리의 결혼 생활에 필요한 가장 중대한 자원은 복음에서 나온다.

여호와 하나님이 이르시되 사람이 혼자 사는 것이 좋지 아니하니 내가 그를 위하여 돕는 배필을 지으리라 하시니라 여호와 하나님이 흙으로 각종 들짐승과 공중의 각종 새를 지으시고 아담이 무엇이라고 부르나 보시려고 그것들을 그에게로 이끌어 가시니 아담이 각 생물을 부르는 것이 곧 그 이름이 되었더라 아담이 모든 가축과 공중의 새와 들의 모든 짐승에게 이름을 주니라 아담이 돕는 배필이 없으므로 여호와 하나님이 아담을 깊이 잠들게 하시니 잠들매 그가 그 갈빗대 하나를 취하고 살로 대신 채우시고 여호와 하나님이 아담에게서 취하신 그 갈빗대로 여자를 만드시고 그를 아담에게로 이끌어 오시니 아담이 이르되

이는 내 뼈 중의 뼈요 살 중의 살이라 이것을
남자에게서 취하였은즉 여자라 부르리라 하니라
이러므로 남자가 부모를 떠나 그의 아내와 합하여
둘이 한 몸을 이룰지로다 아담과 그의 아내 두 사람이
벌거벗었으나 부끄러워하지 아니하니라 창 2:18-25

창세기 2장 본문에서 그리는 최초의 결혼 풍경
에서 온전한 백년해로에 필요한 것이 무엇인지 배워
보자. 우리에게 꼭 필요한 것 세 가지가 나와 있다.

배우자가
우상이 되지 않도록

먼저 입장해 서 있는 신랑을 향해 신부가 입장하
는 것이 결혼식 관례다. 보통 이때 신부의 아버지나
부모 둘 다, 혹은 다른 사람이 동행한다. 창세기 2장
에 보면 이 전통은 에덴동산으로 거슬러 올라간다.
이 경우 하나님이 아내를 남편에게로 이끌어 오신다.

하와를 본 아담은 시를 읊는다. 성경에 나오는 최초의 시로, 대다수 역본에 이 부분은 들여쓰기를 해서 운문 형태로 인쇄되어 있다. 아내를 보는 순간 남자의 입에서 노래가 절로 나온 것이다.

히브리어로 그가 말한 첫 단어는 "드디어"라는 뜻이며 "마침내"로 번역할 수도 있다. "내가 찾던 게 바로 이것이다. 지금껏 내게 이것이 없었다"라는 말이다. 그렇다면 이것은 무엇인가? 아담은 하와를 가리켜 "내 뼈 중의 뼈요 살 중의 살"이라 했다. ^{창 18:23}

"당신 안에 내가 들어 있다. 당신을 앎으로써 드디어 나를 알 수 있게 되었다"라는 말이나 같다.

아담이 이 말을 한 곳이 낙원임을 잊지 말라. 이 낙원은 하나님과 그의 관계가 완전했던 곳이다. 그런데도 배우자와 짝지어지는 일이 워낙 우리 안의 심연에까지 파고드는 일이다 보니 아담에게서 예술적 표현의 찬사가 터져 나온다. 여기 우리가 한평생 결혼 생활에 성공하려면 반드시 알아야 할 중요한 사실이 있다.

찬송가 〈나 같은 죄인 살리신〉의 가사를 쓴 것으

로 잘 알려진 존 뉴턴은 18세기 영국의 목사이기도 했다. 그가 갓 결혼한 어느 젊은 부부에게 보낸 편지가 지금까지도 여러 통 남아 있다. 그가 신혼부부를 상담할 때 자주 한 말이 있다. 불행한 결혼을 가장 큰 문제라 생각할지 모르지만 행복한 결혼도 그 못지않게 영적으로 중대한 위험이 될 수 있다는 것이다. 직접 그의 말로 들어 보자.

> 이렇게 사랑스러운 짝을 만났으니 이제 그대들의
> 가장 큰 위험은 너무 행복해지는 데 있습니다.
> 아, 우리의 거짓된 마음은 형통한 시절에 우리를
> 가장 중대한 악으로 유혹합니다. 바로 생수의
> 근원을 떠나서 터진 웅덩이 옆에 앉는 것이지요.
> 그래서 두 사람에게 당부하노니 우상 숭배를
> 조심하십시오. 나도 이 문제로 고생했습니다.
> 그것이 온갖 가상의 두려움으로 나를 괴롭히며
> 지독한 굴욕과 비탄에 빠뜨렸습니다. …… 자꾸만
> 행위 언약으로 치닫는 그 낡은 누룩이 지금도 내게
> 들러붙어 있습니다.[1]

무슨 말인가? 뉴턴은 성경의 은유를 빌려 왔다. 본문에서 말하는 웅덩이는 바위나 회반죽을 이용해 만든 물 저장고로, 위쪽이 트여 있었다. 옛날 사람들은 거기에 빗물을 받아 집에서 썼다. 여기에 금이 가면 물이 새 버려서 목마름을 해결할 방도가 없었다.

선지자들은 "터진 웅덩이"렘 2:13라는 은유를 통해 우리가 가장 깊은 만족과 안전을 하나님에게서 찾지 않고 세상 것들에서 찾으려 한다고 지적했다. 예수님도 사마리아 여인에게 궁극적 만족은 연애와 결혼이 아니라 오직 "생수"의 근원이신 그분께만 있다고 말씀하셨다. 요 4:14

뉴턴의 말처럼 행복한 결혼은 당신의 마음을 하나님에게서 배우자에게로 돌려놓을 위험성이 높다. 하나님이 아닌 배우자에게서 사랑과 안전과 기쁨을 찾는 것이다. 그뿐만 아니라 그는 행복한 결혼 때문에 자칫 우리가 "행위 언약"으로 되돌아갈 수 있다고까지 말한다. 이 말은 무슨 뜻인가?

"행위 언약"은 옛 신학 용어로 구원을 자신의 행위로 얻어 낸다는 개념이다. "내가 착하게 살고 있으니 하나님이 당연히 내게 복을 주시고 천국에 가게 하시리라"라는 믿음이다. 반면에 기독교의 복음은 이런 사고방식과는 정반대다. 성경에 보면 "너희는 그 은혜에 의하여 믿음으로 말미암아 구원을 받았으니 이것은 너희에게서 난 것이 아니요 하나님의 선물이라 행위에서 난 것이 아니니 이는 누구든지 자랑하지 못하게 함이라"^{엡 2:8-9}라고 했다.

성공회 목사였던 존 뉴턴도 그 사실을 적어도 머리로는 속속들이 알았다. 그런데 실제로는 결혼과 자기 아내를 우상화하다가 도로 행위 언약에 빠져들었다. 우리도 그렇게 될 수 있다. 하나님만이 주실 수 있는 것들을 배우자에게서 바라고, 배우자가 보내오는 사랑과 존경과 인정에서 자존감과 존재감을 얻으려 할 수 있다. 배우자를 바라보며 구원을 얻으려 한다. 행위 언약으로 되돌아가는 셈이다.

그렇게 되기 쉬운 이유는 결혼이 그만큼 위대하기 때문이다. 위대하다 보니 자칫 인생 최고의 것으로 둔갑하기 쉽다.

뉴턴에 따르면 그 결과 남는 것은 많은 두려움과

굴욕과 비탄이었다. 왜 그럴까? 배우자에게 늘 건강하고 행복하고 나를 기쁘하고 인정해 주어야 한다는 감당 못할 중압감을 떠안기기 때문이다. 그렇게까지 과중한 기대에 부응할 수 있는 사람은 아무도 없다.

배우자가 비판의 말을 한마디라도 할라치면 당신은 무너져 내릴 수 있다. 부부간에 문제가 생겨도 참담하기는 마찬가지다. 둘 사이가 조금이라도 틀어지면 그때부터 당신의 삶이 무너질 수 있다. 그러다 배우자가 죽으면 관 속에 누운 "신"이 어떻게 사랑으로 당신을 위로할 수 있겠는가?

그러니 어떻게 해야 할까? 그렇다고 배우자나 배우자 될 사람을 덜 사랑하려 해서는 안 된다. 대신 하나님을 더 사랑해야 한다. C. S. 루이스는 어떤 인간을 "너무 많이" 사랑하는 건 거의 불가능한 일이라고 말한다. 하나님을 향한 사랑에 비해 인간을 훨씬 많이 사랑할 수는 있다. 그러나 궤도를 벗어난 쪽은 하나님을 향한 너무 작은 사랑이지 인간을 향한 후한 사랑이 아니다. 하나님과 참되고 실존적인 사랑의 관계를 맺지 않는 한 결혼은 우리를 낭패에 빠뜨리

고 말 것이다.[2]

전통 사회의 관점대로라면 당신은 누군가의 배우자가 아닌 한 별 볼 일 없는 존재다. 그러나 예수님도 이 땅에서 싱글로 사셨다. 바울도 고린도후서에서 이렇게 말한다.

"결혼하고 싶은가? 좋다. 결혼하지 않았는가? 그것도 좋다."

바울의 말은 이런 뜻이다. 싱글이어도 얼마든지 그리스도를 통해 하나님과 한없이 친밀한 관계를 맺고 다른 그리스도인 형제자매들과도 하나님의 가족으로서 아주 끈끈한 관계를 누릴 수 있다. 따라서 이들 싱글들의 삶에 가족적인 유대가 없다거나 가장 큰 사랑이 결여되어 있다고 생각해서는 안 된다.

요약하자면 **위대한** 결혼에 가장 필요한 요소는 역설적이게도, 결혼이 최우선이 아님을 깨닫는 것이다. 하지만 이는 시작에 불과하다.

위대한 결혼에
가장 필요한 요소는
역설적이게도,
결혼이 최우선이 아님을
깨닫는 것이다.

먼 길을
가려면

창세기 2장 18절에 "여호와 하나님이 이르시되 사람이 혼자 사는 것이 좋지 아니하니 내가 그를 위하여 돕는 배필^{suitable helper, NIV}을 지으리라 하시니라"라고 했다. 여기 "돕는"에 해당하는 히브리어 원어 "에제르"는 성경에서 보통 병력 보강을 표현할 때 쓰였다.

당신의 소부대가 적의 천만대군 앞에 쩔쩔매고 있다고 생각해 보라. 이때 갑자기 지원군이 몰려와 전투력을 증강해 준다. 얼마나 기쁘고 안도가 되겠는가! 그들이 없었다면 당신은 패전했을 것이다. 본문의 단어가 바로 그런 의미다.

이 단어는 성경 도처에서 하나님을 지칭할 때 자주 쓰인다. 그래서 "돕는 자"란 '조수'가 아니라 내게 없는 부분을 보완해 줄 힘을 갖춘 존재를 뜻한다. 최초의 부부에서 아내인 여자가 바로 그랬다.

그런데 한 단어가 더 있으니 곧 "배필"^{suitable; 부부로}

서의 짝-편집자이다. 이 부분을 "내가 그에게 **맞는**fit 돕는 자를 지으리라"라고 옮긴 역본들도 있다. KJV 성경에는 하나님의 이 말씀이 "내가 그에게 **그를 충족시키는**meet 돕는 자를 지으리라"라고 되어 있다. 그래서 전통적으로 아내를 "helpmeet"내조자, 협력자라 표현했으나 지금은 말 그대로 그저 옛말에 지나지 않는다.

그러나 히브리어 원문의 의미를 십분 이해하려면 더 깊이 들어가야 한다. "내가 그를 위하여 돕는 배필을 지으리라"로 옮겨진 문장에서 "배필"에 해당하는 부분은 본래 히브리어로 두 단어. 원문을 직역하면 "내가 그와 **같으면서도 정반대인** 돕는 자를 지으리라"가 된다. 언뜻 서로 모순처럼 보인다. "같다"는 말인가 "반대"라는 말인가?

하지만 덕분에 오히려 의미가 명료해진다. 두 조각으로 된 퍼즐을 생각하면 된다. 양쪽이 맞으려면 서로 똑같아서도 안 되고 아무렇게나 달라서도 안 된다. **제대로** 달라야만 서로 완벽하게 맞아들어 전체를 완성시킨다. 즉 일치성과 보완성을 동시에 갖추어야 한다.

———————

두 조각으로 된 퍼즐을 생각하면 된다.
양쪽이 맞으려면 서로 똑같아서도 안 되고
아무렇게나 달라서도 안 된다.
제대로 달라야만 서로 완벽하게 맞아들어
전체를 완성시킨다.
일치성과 보완성을 동시에 갖추어야 한다.

하나님이 아담과 또한 결과적으로 하와의 삶에 보내신 사람은 엄청난 힘의 소유자이되 그 힘은 둘이 서로 달랐다. "그와 같으면서도 정반대인"이라는 말에 많은 뜻이 있겠지만 일단은 대체가 불가하다는 뜻이다. 남성에게 없는 아름다움과 영광과 시각과 능력이 여성에게 있고 그 반대도 마찬가지다. 결혼을 통해 당신의 삶에 이성異性이 들어온다. 심오하고도 신비롭게 당신과는 다른 사람이다.

그동안 많은 사람이 남성성과 여성성을 정의하려고 구체적 특성들을 열거했다. 그러나 당신도 시도해 보면 금방 알겠지만, 그런 특성은 다양한 문화권에 사는 사람들 모두에게 다 들어맞지는 않을뿐더러 사람들의 다채로운 기질들에도 맞지 않는다. 결정적으로 남성과 여성의 특성은 성경에도 규정된 바가 없다.

그러나 성경, 그중에서도 특히 창세기 1-2장은 성차gender differences는 당연히 존재한다고 전제한다. 본문은 남성성과 여성성으로 함께 완전 무장을 해야만 부부로서 능히 삶을 감당할 수 있다는 메시지를 전한다. "돕는"에 해당하는 원어의 배후에 그런 군사적 의미가 깔려 있으며, 둘이 합력해야만 패하지 않을 수 있다.

우리 부부는 두 사람 다 성별 고정 관념에 들어맞지 않는다. 전통적 기준으로 보면 팀도 별로 남성적이지 않고 캐시도 여성성이 강하지 않다. 그런데 결혼한 지 오래지 않아서 우리가 깨달은 것이 있다. 우리는 세상을 아주 다르게 볼 때가 많으며, 이런 차이를 기질이나 집안이나 사회 계층이나 출신 민족 때문이라고 판단해 버릴 수는 없다는 것이다.

예를 들면 캐시는 팀이 당면 과제에 집중하기 위해 자신의 감정과 두려움을 접어 두는 모습에 깜짝 놀랐다. 물론 캐시도 여자로서 얼마든지 한 목표에 집중해 매진할 수 있었지만 팀은 아주 다른 방식으로 그렇게 했다. 팀은 자신에게 그런 면이 있는지조차 몰랐는데 캐시가 이를 짚어 냈다. 이성異性이면서 늘 지척에 있으니 잘 보이는 것이다.

세월이 흐를수록 매사에 더 실감하게 되거니와, 결혼 생활을 이어 오는 동안 우리는 서로 맞물려 더 큰 전체를 이루는 두 조각의 퍼즐처럼 되었다. 이제 팀은 순간적으로 반응해야 할 일이 생길 때 캐시라면 이 상황에서 어떻게 생각하고 말하고 행동할지를 안다. 번번이 아내와 부대끼면서 아내의 시각이 팀에게 내면화된 것이다.

그렇게 아내의 반응까지 아우르다 보니 할 수 있는 반응의 폭이 넓어졌다. 그 짧은 순간에 '아내라면 분명 이렇게 할 텐데 혹시 그게 내가 습관적으로 하는 방식보다 더 지혜롭고 적절한 행동은 아닐까?'라는 생각이 드는 것이다. 실제로 이제 팀은 아내의 방식대로 할 때가 많다.

이렇듯 팀의 지혜라는 자산은 다변화되었다. 팀은 사람이 달라졌으면서도 여전히 그 자신이다. 사실은 세월이 가면서 아마도 여러모로 더 남자다워졌을 것이다. 어찌된 일일까?

팀의 삶에 캐시가 들어왔다. 이제 그는 아내의 눈을 통해 자신의 정체성을 더 잘 알게 되었을 뿐 아니라 더 성장했다. 본연의 자신이 되어 가는 것이다. 이는 자신과 같으면서도 정반대인 사람과 날마다 가까이서 교제했기 때문에 가능했다. 물론 상대가 자신이 아니다 보니 많은 고통도 따랐다.

굳이 말할 필요도 없겠지만 그래도 말해야겠다. 남편도 아내를 도와야 한다. 하와만 아담의 삶에 불려와 여성의 자원으로 그를 본연의 존재가 되도록 도와야 했던 것이 아니다. 에베소서 5장 25-27절에 나와 있듯이 남편도 그리스도께서 우리를 사랑하시듯 아내를 희생적으로 사랑해야 하며, 결점과 흠을 극복해 영광스럽고 아름다워지도록 아내를 도와야 한다.

목적이 똑같다. 역할만 바뀌었을 뿐 창세기 2장과 같다. 아내가 남편을 도와야 하듯이 남편도 특화된 남성의 자원으로 아내를 도와 하나님이 지으신 본연의 존재가 되도록 해 주어야 한다.

그런데 이 모두는 먼 길을 가는 긴 여정을 통해서만 가능하다. 사람이 본연의 존재로 변화되는 일은 하루아침에 되지 않는다. 우리는 서로 다른 은사와 희생적 사랑으로 서로의 성장과 형통을 돕되 평생 지속해야 한다.

안타깝게도 우리 문화에 점점 만연해 가는 결혼관은 그와 다르다. 오늘날 우리는 소비자다. 소비자는 늘 본능적으로 비용편익분석 의사결정을 할 때 비용과 편익을 따져 여러 대안 가운데 최적의 대안을 선정하는 기법-편집자을 한다. 투자하고 사고팔아 수익을 남긴다는 시장논리가 결혼을 비롯해 우리 삶의 모든 영역에 침투해 들어왔다. 그래서 우리는 내 필요를 채워 줄 사람, 다루기 힘들지 않은 사람, 나를 변화시키려 들지 않을 사람, 모든 면에서 나와 찰떡궁합인 사람을 배우자로 찾는다.

배우자가 나와 "같으면서도 정반대인" 사람이어서 나에 관해 듣기 싫은 말이라도 할라치면 우리는 이렇게 되받는다. "결혼 생활은 행복해야 되는데 이건 아니다. 왜 우리는 늘 이렇게 부딪치지?"

답은 당신이 **도움**을 받고 있기 때문이다. 이 불편을 끝까지 견뎌 내야만 당신은 하나님이 원하시는 본연의 존재가 될 수 있다.

지금까지 살펴보았듯이 우리는 부부 생활을 하면서 배우자가 우상이 되지 않도록 조심해야 하고, 또

투자하고 사고팔아 수익을 남긴다는
시장 논리가 결혼을 비롯해
우리 삶의 모든 영역에 침투해 들어왔다.
그래서 우리는 내 필요를 채워 줄 사람,
다루기 힘들지 않은 사람,
나를 변화시키려 들지 않을 사람,
모든 면에서 나와 찰떡궁합인 사람을
배우자로 찾는다.

길이 멀고 때로 험하므로 인내해야 한다. 이 둘은 서로 상반되는 개념이다. 순진무구한 연애 감정에 젖어 배우자를 맹목적으로 받들어 모셔서는 안 된다. 그러나 또 한편으로 이렇게까지 나와는 다른 사람을 사랑하기가 고역이라며 분노해서도 안 된다. 배우자가 귀에 거슬리는 말을 하더라도 말이다.

그리스신화에 나오는 율리시스는 서로 마주 대하고 있던 두 바다 괴물 사이로 배를 항해해야 했다. 스킬라에게 너무 가까워지면 자칫 항로를 너무 확 돌려 카리브디스의 세력권 안으로 흘러들 위험이 컸다. 이처럼 배우자를 우상으로 삼지 않으려다가 반대로 깊은 환멸의 늪에 빠져든 사람이 실제로 많이 있다.

두 "괴물"을 다 피하려면 무엇이 필요할까? 결혼에 너무 크지도 않고 너무 작지도 않은 기대를 하려면 어떻게 해야 할까?

복음만이 줄 수 있는
즐거운 사랑법

다시 창세기 2장 18절을 보면 "여호와 하나님이 이르시되 사람이 혼자 사는 것이 좋지 아니하니"라고 되어 있다. 이 말씀은 뜻밖이다. 아직 죄가 없던 낙원에서 아담은 왜 외롭고 불행하단 말인가? 하나님과의 관계가 완전한데 어떻게 외로울 수 있는가?

가능한 답은 하나뿐이다. 하나님이 아담에게 그분 외에 다른 사람도 필요하게 하셨다. 물론 우리 심령에 하나님의 사랑이 **최고로** 필요하지 않다는 말이 아니다. 당연히 그분이 첫째다. 다만 하나님은 우리를 인간의 사랑도 꼭 필요한 존재로 설계하셨다.

이것이 하나님으로서 얼마나 겸손하고 이타적인 행위인지 생각해 보라. 인간을 지으시되 그분만이 아니라 많은 대인 관계 타인의 자아와 마음도 필요하게 하셨으니 말이다. 따라서 하나님이 인간을 지으신 목적이 그분 스스로 외롭지 않기 위해서라든지 사랑할 대상을 바라서라든지 자식을 낳는 부모처럼 예배자가 필요해서라는 식의 논리는 명백히 허위다.

그러나 이조차도 그분이 구약 후반부에 보여 주신 겸손과 희생적 사랑에 비하면 아무것도 아니다. 즉 그분은 이사야와 예레미야와 호세아 같은 선지자들을 통해 "나는 신랑이고 내 백성 너희는 신부다"라고 거듭 말씀하신다.

"신랑"의 은유는 당신을 완전히 만족시켜 줄 연인이자 배우자가 오직 하나님뿐이라는 뜻이다. 그분이 궁극의 "배필"이시다. 마르틴 루터는 그것을 이렇게 표현했다.

내 주는 강한 성이요 방패와 병기 되시니
큰 환란에서 우리를 [도와] 구하여 내시리로다.

그분이 모든 "환난" 중에 당신을 도우심은 당신과 "같으면서도 정반대인" 분이시기 때문이다. 우선 그분이 당신과 같다 함은 당신이 그분의 형상대로 창조되었기 때문이다. 그분처럼 당신도 관계 속에 존재하는 인격체다. 그러나 그분은 당신과 달리 완전히 거룩하시다. 그분이 당신의 삶에 오시지 않는 한 당신은 결코 본연의 존재가 될 수 없다.

또 "신랑"이라는 호칭의 의미상 그분은 단지 추상적 신념의 대상이거나 당신을 규율로 복종시키는 신이 아니다. 당신과 그분 사이에 친밀한 교제가 있어야 한다. 그분은 기록된 말씀을 통해 당신에게 말씀하시고, 당신은 기도와 예배로 그분께 영혼을 쏟아 놓아야 한다.

남편이신 그분의 사랑이 성령으로 말미암아 당신의 마음에 부어져야 한다. 롬 5:5 인간 배우자를 우상과 구주로 삼지 않으려면, 삶에서 하나님이 신랑이 되셔야만 한다.

"신랑"의 은유에는 하나님이 세상 누구보다도 가장 인내하며 오래 참으시는 배우자라는 뜻도 있다.

자기 백성의 신랑 되신 하나님은 성경 전체를 관통하는 주제다. 물론 구약에서 그분은 이스라엘의 남편으로 자처하신다. 그런데 이스라엘은 계속 다른 신들을 숭배했고, 이는 영적 간음죄로 표현된다. 예레미야 2-3장과 에스겔 16장에 이 "불행한 결혼"이 생

71
—

생히 묘사되어 있으나, 이 주제에 대한 가장 유명한 해설은 호세아서에 나온다.

거기 보면 하나님이 "이 나라가 여호와를 떠나 크게 음란함이니라"호 1:2라시며 선지자에게 고멜과 결혼하도록 명하시는데, 고멜도 장차 호세아를 떠나 외도를 일삼을 "음란한 여자"다.[3] 그리고 정말 그 일이 실제로 벌어졌다. 고멜은 다른 남자들을 찾아다닌다.

이 이야기에서 가장 유명하고도 가슴에 사무치는 대목은 3장에 나온다. 고멜은 음란한 정도가 아니라 몸을 팔기까지 했던 것 같다. 그래서 호세아가 아내를 되찾으려면 그녀를 소유하고 있던 남자에게서 그녀를 도로 사 오는 수밖에 없었다. 하나님이 그렇게 명하셨다. 호세아의 기록을 보자.

여호와께서 내게 이르시되 이스라엘 자손이 다른 신을 섬기고 건포도 과자를 즐길지라도 여호와가 그들을 사랑하나니 너는 또 가서 타인의 사랑을 받아 음녀가 된 그 여자를 사랑하라 하시기로 내가 은 열다섯 개와 보리 한 호멜 반으로 나를 위하여 그를 사고 그에게 이르기를 너는 많은 날 동안 나와 함께 지내고 음행하지 말며 다른 남자를 따르지 말라 나도 네게 그리하리라 하였노라. 호 3:1-3

이는 단지 지칠 줄 모르는 감동적인 사랑 이야기가 아니라 그 이상이다. 하나님이 말씀하시는 바는 이것이다. 부정한 배우자를 사랑하려면 값비싼 희생이 따르듯이 그분도 대가와 희생을 마다하지 않고 우리를 끝까지 사랑하시겠다는 것이다. 그리고 그 논리적 귀결이 바로 예수님의 삶과 죽음으로 나타난다.

마태복음 9장에서 종교 지도자들이 예수님께 "어찌하여 당신의 제자들은 금식하지 아니하나이까"라고 묻자 그분은 "혼인집 손님들이 신랑과 함께 있을 동안에 슬퍼할 수 있느냐"라고 답하신다. 금식은 회개와 기도를 수반하는 종교 의식이다. 예수님은 뻔한 사실을 비유 삼아 답으로 내놓으셨다. 결혼 피로연에 가서 금식하는 사람은 없다는 것이다.

자신을 **신랑**이라 일컫는 그분의 말씀에 당시 청

중은 틀림없이 기겁했을 것이다. 이스라엘의 신랑이 주 하나님임을 모르는 사람이 없었다. 그런데 예수님이 그렇게 자처하신 것이다. 이어 그분은 "그러나 신랑을 빼앗길 날이 이르리니 그 때에는 금식할 것이니라"라고 덧붙이셨다. 마 9:15

예수님은 자신에 관해 두 가지를 말씀하신 셈이다. 첫째, 그분은 우리의 신랑인 하나님이시다. 둘째, 그분은 우리를 위해 죽으러 오셨다. 신랑을 빼앗긴다는 말이 그런 뜻이다.

호세아서에서 암시된 내용이 신약에서는 대서특필된다. 하나님은 자기 백성의 연인이자 배우자시다. 그런데 우리는 그분께 최악의 결혼을 드렸다. 그분이야말로 가장 오래도록 최악의 결혼 생활을 하고 계시다. 우리 마음은 그분을 등지고 우상에게로 향하기 일쑤였다. 우리는 지독히 형편없는 배우자였으나 그분은 우리를 버리지 않으셨다.

예수 그리스도 안에서 하나님은 세상에 오셔서 십자가의 죽음이라는 대가를 치르시고 우리를 죄와 온갖 굴레로부터 사셨다. 그분이 성경에서 우리에게 하시는 말씀은 사실상 이렇다.

"예수 그리스도 안에서 나는 너희를 위해 목숨을 버렸다. 너희가 흠 많고 부족한 사람을 사랑하려면 매번 해야 할 일을 나는 만천하에 훤히 보이게 행했다. 바로 대속의 희생이다. 내 의가 너희에게 전가될 수 있도록 너희 죄와 악과 문제를 내가 대신 진 것이다. 알겠느냐? 이제 너희는 내가 너희를 얼마나 사랑하고 기뻐하는지 알리라."

세상에 이보다 더 위력적으로 삶을 바꾸어 놓는 메시지는 없다.

이 사실을 의지할 때 우리는 세상에서 가장 큰 힘을 얻어 결혼 생활이라는 힘들고 먼 길을 갈 수 있다. 예수님이 "자기" 땅에 오셨으나 자기 백성이 영접하지 않았음을 잊지 말라. 요 1:11

이 책을 읽는 이들 중에 결혼 생활이 불행해 '내 남편이아내가 나를 아예 십자가에 매다는구나'라는 생각이 드는 사람이 있을 수 있다. 그런데 하나님께는 그 일이 실제로 벌어졌다.

예수님이 우리를 사랑하심은 우리가 선해서가 아

니라 우리를 선하게 하시기 위해서다. 그분의 사랑은 그분 자신을 위한 것이 아니라 **우리를** 위한 것이다. 그래서 그분은 우리를 떠나지 않으시고 끝까지 사랑하신다. 까다로운 배우자를 포기하고 싶어질 때마다 당신을 오래 참으신 예수님을 기억하라.

백년해로하려면 배우자를 보며 수도 없이 이렇게 말해야 한다. "당신이 내게 상처를 입혔지만 나는 최고의 배우자이신 예수 그리스도께 상처를 입혔습니다. 그런데도 그분은 계속 나를 덮어 주시며 용서하십니다. 이렇게 그분께 받은 사랑이 족하기에 나도 당신에게 똑같이 줄 수 있습니다."

그래야만 인내하며 먼 길을 갈 수 있다.

다시 돌아가서, 우상 숭배에 빠지지 않는 비결도 배우자이신 그리스도의 사랑을 아는 데 있다. 마르틴 루터는 고전이 된 논문 "그리스도인의 자유에 관하여"에 이렇게 썼다.

믿음의 비할 데 없는 은혜 가운데 세 번째는
아내와 남편이 연합하듯이 사람이 믿음을 통해

그리스도와 연합한다는 것이다. …… 그 결과
서로의 좋고 나쁜 모든 면이 공동의 소유가
된다. 즉 신자는 그리스도의 모든 소유를 자신의
것으로 취해 자랑할 수 있고, 그리스도는 그
사람에게 속한 모든 것을 그분의 소유로 삼으신다.
…… 믿음이 들어서면 내 죄와 사망과 지옥은
그리스도의 몫이 되고 그분의 은혜와 생명과
구원은 우리 몫이 된다. 그분은 남편이시니 아내의
짐을 맡으심과 동시에 자신의 것을 아내에게
주셔야 한다. …… 믿음이라는 결혼반지 덕분에
…… 신자는 …… 모든 죄에서 해방되어 죽음이
두렵지 않고 지옥도 면한다. 대신 우리의 남편이신
예수 그리스도의 영원한 의와 생명과 구원이
우리에게 주어진다.

왕 되신 그분과의 혼인이 얼마나 고귀한지 다
알 사람이 누구랴? 그분의 풍성하고 영광스러운
은혜를 뉘라서 능히 헤아리랴? …… 이 모두에서
새삼 깨닫듯이 믿음을 그토록 중시하는 데는
그만한 이유가 있다. 믿음만이 율법을 충족시켜

행위 없이도 칭의를 이룰 수 있다.[4]

루터의 말대로 "왕 되신 그분과의 혼인이 얼마나 고귀한지 다 알" 사람은 없지만, 그래도 우리는 알려고 해야 한다. 배우자이신 그리스도의 사랑을 날마다 생각하고 음미하고 누리고 즐거워해야 한다. 그러면 인간 배우자에게서 받아야 할 사랑을 우상화할 일도 없을뿐더러, 예수 그리스도 안에만 있는 "은혜와 생명과 구원"이 우리에게 주어진다.

당신을 정말 구원하실 배우자는 예수 그리스도뿐이시다. 그분만이 당신을 참으로 만족시켜 주실 수 있다. 그분과의 결혼은 사람과의 결혼을 떠받칠 가장 확실한 주춧돌이다.

———

배우자이신 그리스도의 사랑을
날마다 생각하고 음미하고
누리고 즐거워해야 한다.
당신을 정말 구원하실 배우자는
예수 그리스도뿐이시다.
그분만이 당신을 참으로 만족시켜 주실 수 있다.
그분과의 결혼은 사람과의 결혼을 떠받칠
가장 확실한 주춧돌이다.

결혼,
한낱 '이 땅의 일'에
불과한가

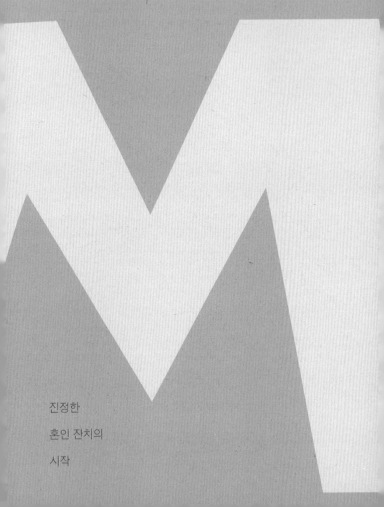

진정한

혼인 잔치의

시작

6 또 내가 들으니 허다한 무리의 음성과도 같고
　　많은 물소리와도 같고 큰 우렛소리와도 같은 소리로
이르되 할렐루야 주 우리 하나님
　　곧 전능하신 이가 통치하시도다

7 우리가 즐거워하고 크게 기뻐하며
　　그에게 영광을 돌리세
　　어린양의 혼인 기약이 이르렀고
　　　그의 아내가 자신을 준비하였으므로

8 그에게 빛나고 깨끗한 세마포 옷을 입도록
　　허락하셨으니.

　　　　　　　　　　　　　　요한계시록 19장 6-8절

1 또 내가 새 하늘과 새 땅을 보니
처음 하늘과 처음 땅이 없어졌고
　　바다도 다시 있지 않더라

2 또 내가 보매 거룩한 성 새 예루살렘이
　　하나님께로부터 하늘에서 내려오니
　　그 준비한 것이 신부가 남편을 위하여
　　단장한 것 같더라.

　　　　　　　　　　　　　　요한계시록 21장 1-2절

"죽음이 우리를 갈라놓을 때까지"라는 말에서 보듯이 전통적으로 결혼의 여정에는 끝이 있다. 어떤 의미에서 죽음은 결혼이 끝났음을 의미한다. 그래서 배우자와 사별한 사람은 재혼할 자유가 있다.

그러나 기독교적 관점에서 보면 결혼은 우리에게 영원한 연합을 준비시켜 준다. 이 땅에서의 결혼은 그 연합의 맛보기일 뿐이어서 현세에서 결혼한 두 그리스도인이 죽음 때문에 관계가 끝나거나 축소된다고 볼 필요는 없다.

결혼의 결말을 제대로 이해하려면 성[性], 인류 역사의 최종 목적지, 부활을 살펴보아야 한다.

장차 맞이할 그 날의
예고편

많은 사람이 이야기했듯이 성경은 고상한 척하는 책이 아니다. 성경은 성애의 아름다움과 기쁨을 자주 예찬한다. 남편에게 아내의 품을 연모하라고 말하는 잠언 5장 18-20절도 그렇고, 심지어 아가서는 책 전체가 그 주제다. 그러나 성경이 말하는 성생활은 솔직함과 즐거움을 넘어 영광으로 나아간다.

로마서 7장에 사도 바울은 그리스도인을 한때 "율법"과 결혼했던 여자에 비유한다. 스스로의 행위로 구원을 얻어 내려 했다는 말이다. 하나님의 도덕법을 종교적으로 준수했을 수도 있고, 재물이나 성공이나 무슨 대의를 추구했을 수도 있다. 그런데 그리스도를 믿는 순간 우리는 "죽은 자 가운데서 살아나신 이"와 결혼했으며, 이는 "우리가 하나님을 위하여 열매를 맺게 하려 함"이다. 롬 7:4

대담한 은유다. 아내가 남편의 품에 안김으로써 그 몸을 통해 자녀가 세상에 태어나듯이 우리도 예수님의 품에 안기면 열매를 맺는다. 우리 자신의 삶도 변화되고 갈 5:22-23 또 우리가 행하는 선한 행동을 보고 다른 사람들의 삶도 변화된다. 골 1:6, 10[1]

일부 주석가들은 바울이 사용한 이 은유에 "품위가 없다"며 난감해 했는데, 사실 조금은 아슬아슬하다.[2] 그러나 왜 그런 은유를 썼는지 취지를 충분히 알 수 있다. 새 생명을 낳을 수 있는 부부간의 잠자리는 어떤 의미에서 우리와 예수 그리스도와의 궁극적 사랑의 관계를 가리켜 보인다. 믿음으로 그분과 연합하면 우리는 최고의 사랑을 경험하며, 그 결과 생명의 탄생과 변화라는 열매를 맺을 수 있다. 바울의 말대로 이 관계는 지금 시작되며, 따라서 열매도 지금부터 맺힐 수 있다.

그러나 성경 다른 곳에 보면 지금 우리가 그리스도와 하나 되어 누리는 그분의 사랑은 장차 얼굴과 얼굴을 대하여 그분을 볼 그 날에 비하면 아주 희미한 그림자에 지나지 않는다. 고전 13:12

성경에 나와 있듯이 지금 우리는 배우자이신 그분을 믿음으로만 알 뿐 직접 보지는 못한다. 고후 5:7 이 땅에서 경험하는 그분의 사랑은 언제나 부분적일 수밖에 없다. 그러나 그분을 실제로 대면하여 볼 그 때에는 그 사랑으로 우리가 변화되어 우리의 존재가 완전히 실현된다. 요일 3:2-3

예수님이 우리의 남편이요 신랑이시라는 이 모든 성경 본문은 어떤 의미인가? 적어도 이런 뜻이다. 부부간의 잠자리는 장차 올 완전한 세계에서 누릴 사랑의 희열을 가리켜 보이는 예고편이다. 천국에서 우리가 그분을 대면하여 알 때에는 그분과는 물론이고 그분을 사랑하는 다른 모든 사람과도 사랑으로 연합한다. 그 큰 날에 맛볼 충만한 즐거움과 솟구치는 기쁨과 무한한 안전에 비하면 남녀 간에 이루어지는 가장 황홀한 성교조차도 그림자에 불과하다.

앞서 고린도전서 6장에서 보았듯이 혼외 정사는 잘못된 일이다. 그런데 이 본문에서 바울은 혼외 정사를 그냥 무조건 금한 것이 아니라 그것이 그리스도인에게 **왜** 잘못된 일인지를 설명한다.

> 주와 합하는 자는 한 영이니라 음행을 피하라 ……
> 음행하는 자는 자기 몸에 죄를 범하느니라 너희
> 몸은 너희가 하나님께로부터 받은 바 너희 가운데
> 계신 성령의 전인 줄을 알지 못하느냐 너희는 너희
> 자신의 것이 아니라. 고전 6:17-19

바울이 로마서 7장 4절에서 일깨운 것처럼 우리

부부간의 잠자리는
장차 올 완전한 세계에서 누릴
사랑의 희열을 가리켜 보이는 예고편이다.
그 큰 날에 맛볼 충만한 즐거움과 솟구치는 기쁨과
무한한 안전에 비하면
남녀 간에 이루어지는 가장 황홀한 성교조차도
그림자에 불과하다.

는 그리스도와 결혼했으므로 성령께서 우리 안에 오셔서 거하신다. 바울은 그러니 그분과의 관계가 반영되고 반사되지 않는 성생활이라면 우리 몸으로 아무것도 해서는 안 된다고 말한다. 그리스도께서 우리를 위해 그분 자신을 희생하셨기에, 우리도 그분과 연합할 때 오직 그분께만 우리 자신을 영원토록 전부 드리는 것이다.

마찬가지로 성관계도 오직 배우자에게만 자신의 삶을 영원토록 전부 주지 않고는 결코 허용될 수 없다. 그 외의 방식은 무엇이든 다 하나님이 지으신 본연의 성적 연합에 어긋난다. 우리는 이제부터 영원까지 그분과 연합했고, 성교는 이 연합을 가리켜 보이는 표지판이다.

성경에서는 성^性에 관해 이렇게 가르치며, 이는 한낱 '섹스 긍정 운동'을 훌쩍 벗어난다. 오늘날 많은 사람이 "성교는 위험하며 약간 더럽다"는 말을 들으며 자랐다. 그래서 이를 바로잡으려다 반대쪽 극단으로 치달아 "성교는 쾌락과 만족을 가져다주는 좋은 것이며, 서로 합의하는 한 누구와 어떤 식으로든 즐겨도 된다"라고 주장한다.

성경이 말하는 성생활은 양쪽 어느 입장보다도 훨씬 더 차원이 높으며, 둘 사이의 중도도 아니다. 우선 성교는 더러운 것이 아니다. 하나님이 지으시고 친히 "좋았더라"라고 하셨다. 창 1:26-31 그러나 성교는 그냥 식욕 같은 욕구가 아니라 훨씬 그 이상이다.

예수님의 얼굴에 나타난 하나님의 영광은 우리가 평생 찾던 아름다움과 사랑이다. "주의 앞에는 충만한 기쁨이 있고 주의 오른쪽에는 영원한 즐거움이 있나이다."시 16:11 장차 우리는 본연의 모습으로 회복되어 그분의 임재 안에서 무한한 만족을 누릴 것이다.시 17:15

그 날이 즐거울까? 물론이다. 그래서 그 그림자인 현세의 성행위도 재미있고 즐겁다. 그러나 성교는 잠깐의 전율을 훨씬 넘어설 수 있다. 시공 속의 성교를 그것이 가리켜 보이는 미래의 실체와 잘 조화시킨다면 말이다. 성적 연합은 "나는 영원토록 전부 오직 당신만의 것입니다"라는 고백이어야 한다.

그러면 성교가 상대에게서 쾌락을 얻어 내는 수

단이 아니라 깊은 연합의 행위가 된다. 성교를 통해
두 인간이 단일한 공동체로 결합되고, 당신의 마음
은 예수님이 우리를 사랑하시듯 희생적으로 사랑할
수 있게 빚어진다. 결혼 생활 속에서만 성관계는 잠
재력을 십분 발휘해 즐거움과 만족을 선사한다.

요약하자면 성도 결혼처럼 그것 자체 너머의 무
언가를 가리켜 보인다. 그것을 내다보며 장차 올 그
날을 사모하지 않는다면 성과 결혼은 늘 우리에게
지독한 실망을 안겨 줄 것이다.

진정한
혼인 잔치

바울의 관점대로 루터가 말했듯이 어떤 의미에서
우리는 이미 그리스도와 결혼했다. 그러나 다른 의
미에서는 아직 결혼이 아니라 그분과 약혼한 상태에
더 가깝다.

요한계시록에 보면 "어린양의 혼인"은 장차 있을

성적 연합은 "나는 영원토록
전부 오직 당신만의 것입니다"라는
고백이어야 한다.
그러면 성교가 상대에게서
쾌락을 얻어 내는 수단이 아니라
깊은 연합의 행위가 된다.
성교를 통해 당신의 마음은
예수님이 우리를 사랑하시듯
희생적으로 사랑할 수 있게 빚어진다.

일이며 그 날 우리는 예수님과 결혼한다. ^{계 19:7} 그 성
대한 결혼식 날에 우리는 그분의 품에 안길 것이며,
이 성혼을 통해서만 마침내 우리 삶의 모든 것이 제
자리를 찾는다.

의미심장하게도 성경은 창세기의 결혼으로 시작
하고, 그 결혼의 목적은 세상을 하나님의 자녀들로
충만하게 하는 것이다. 그러나 아담과 하와가 하나
님을 등짐으로써 첫 결혼은 목적을 이루지 못했다.

성경 맨 끝으로 가 보면, 교회가 '하나님께로부터
하늘에서 내려오니 그 준비한 것이 신부가 남편을
위해 단장한 것 같다'고 했다. ^{계 21:2} 의심의 여지없이
창세기의 재현이다. 다시금 하나님이 신부를 남편에
게로 이끌어 오시는데, 이번에는 예수님이 신랑이시
고 우리가 신부다.

첫 결혼 때는 아내에게 도움이 필요할 때 아담이
나서서 돕지 않았다. 그러나 역사의 종말에 어린양
의 혼인 잔치가 있으리니, **이 결혼**의 목적도 세상을
하나님의 자녀들로 충만하게 하는 것이다. 첫 결혼
은 실패했으나 **이 결혼**은 성공한다. 인류 역사의 첫

남편과 달리 둘째 남편Second Husband이신 예수 그리스도는 실패하지 않으시기 때문이다. 진정한 아담이신 그분은 배우자인 둘째 하와Second Eve 곧 교회를 결코 저버리지 않으신다.

창세기에는 없던 새로운 내용도 눈여겨보자. 본문에 보면 그분의 백성인 우리가 남편을 위해 단장한다고 했다. 에덴동산에 웨딩드레스가 등장하지 않은 이유는 아담과 하와가 '벌거벗었으나 부끄러워하지 않았기' 때문이다. 창 2:25 하지만 그때는 아직 죄가 들어오기 전이었다.

성경에 우리 죄를 깨끗한 옷이나 아름다운 옷으로 덮어야 한다는 은유적 표현이 자주 나온다. 시 32편; 겔 16장; 슥 3장 남편 앞에서 아름다워지려면 그분의 은혜와 의로 우리 죄를 덮어야 한다. 빌 3:9 이 개념을 결혼식 예복의 은유를 써서 실감나게 전달한다.

결혼식 복장의 용도는 우리를 가장 아름다워 보이게 하는 것이다. 그 옷이 적절한 은유가 되어, 예수님이 친히 무한한 대가를 치러 우리 죄를 덮으시고 그분의 의를 입혀 주심을 말해 준다. 복음이란 우리가 마땅히 아름답고 선하게 살아야 하나 그러지 못했는데 그리스도께서 그렇게 사셨다는 것이다. 그런데 이제 우리가 그리스도를 믿음으로 그분의 아름다움이 우리에게 전가된다.

마르틴 루터가 말했듯이, 그리스도를 믿는 사람은 그분의 의를 받는다. 요한계시록에 따르면, 우리는 통로를 걸어 예수님께로 입장하는 셈이고, 이때 그분께서 우리를 아름답다 여기실 것이다. 얼마나 신기한 일인지 이해가 되는가?

팀은 목사인 특권으로 지금까지 수백 번이나 결혼식 주례를 섰다. 결혼식에 참석할 때면 우리 부부는 신부 입장 직전에 늘 신랑을 유심히 보는데, 그러고 있노라면 신랑의 눈에 신부가 포착되는 순간을 **정확히** 알 수 있다. 신부가 식장 문을 들어서거나 모퉁이를 돌아 한순간 모습을 드러내면 신랑은 그 눈부신 자태에 넋을 잃는다. 둘의 눈빛이 마주치는 순간 신랑의 얼굴도 눈부신 신부와 같이 빛을 발한다.

성경의 기록처럼 정말 예수님도 우리를 그렇게 아름답게 보실까? 우주의 주님께서 우리를 그토록 사랑하실까?

그렇다. 그분께 속해 "그리스도 안에" 있다는 말이 바로 그런 뜻이다. 물론 아직은 우리가 지식으로든 체험으로든 일부밖에 알 수 없다.

요한일서 3장 2절에 보면 "사랑하는 자들아 ……장래에 어떻게 될지는 아직 나타나지 아니하였으나 그가 나타나시면 우리가 그와 같을 줄을 아는 것은 그의 참모습 그대로 볼 것이기 때문이니"라고 했다. 그분의 아름다움과 영광과 사랑을 직접 보고 경험하는 첫 순간에 우리는 즉시 흠 없는 사람으로 변화되어 "영광의 자유"에 이른다.롬 8:21 물론 장래의 일이다.

그런데 요한은 "주를 향하여 이 소망을 가진 자마다 그의 깨끗하심과 같이 자기를 깨끗하게 하느니라"요일 3:3라고 덧붙인다. 앞날의 그 비전과 혼인 잔치가 어찌나 강력한지, 요한에 따르면 그것을 소망하기만 해도 지금부터 변화된다. 아주 조금만 미리 맛보고 마음으로 확신하기만 해도 말이다.

배우자이신 예수님의 사랑을 즐거워할 때 비로소 우리는 변화된다. 두려움, 질투, 원망, 권태, 환멸, 외로움 등 우리 삶을 어둡게 하는 모든 것이 점차 힘을 잃는다. 이 땅에서 한 결혼은 어차피 끝난다. 그 너머로 그리스도와의 연합을 바라볼 때에만 당신은 이 땅에서의 남편이나 아내를 잘 사랑할 수 있다.

'**천생연분**'을 만나 결혼할 수만 있다면 내 인생도 피어날 텐데'라는 착각을 버려야 한다. 천생연분은 하나뿐이며 그분은 역사의 종말을 고할 잔칫상에서 당신을 기다리고 계신다. 끔찍한 일이 넘쳐 났던 생애였다 해도 그 날 그분의 영광을 보는 순간 보상이 되고도 남을 것이다. 그 날 그분이 당신에게 입혀 주실 아름다움은 그 어떤 값비싼 웨딩드레스보다도 눈부시게 빛날 것이다.

'친밀한 관계'의
무한한 확장

마태복음 22장에 나오는 고대 이스라엘의 지도층 사두개인들은 죽은 사람의 장래 부활을 믿지 않왔다. 그래서 예수님이 부활을 믿고 가르치신다는 것을 알고는 그분을 함정에 빠뜨리려고 다음과 같은 가상의 시나리오를 제시했다.

일곱 형제가 있었는데 그중 맏이가 결혼했다. 그런데 그가 죽는 바람에 그 아내는 그 동생과 결혼했고 그도 죽자 다시 그다음 동생과 결혼했다. 그런 식으로 일곱 형제 모두와 결혼한 뒤 그 여자까지 다 죽었다.

"그런즉 그들이 다 그를 취하였으니 부활 때에 일곱 중의 누구의 아내가 되리이까."^{마 22:28}

사두개인들이 이야기 끝에 내놓은 질문이다.

예수님의 답변은 "너희가 성경도, 하나님의 능력도 알지 못하는 고로 오해하였도다"^{마 22:29}라는 말씀으로 시작된다. 그들은 성경을 몰랐을 뿐 아니라 그들이 아는 하나님은 너무 작았다. 그분의 무한한 지혜와 영광과 사랑을 제대로 몰랐던 것이다. 지금 세상과는 전혀 다른 세상을 창조하실 그분이 그들의 깜냥으로는 도저히 상상 불가였다.

그러면서 성경의 가르침에 대해서는 이렇게 말씀

하신다.

> 하나님이 너희에게 말씀하신 바 나는 아브라함의
> 하나님이요 이삭의 하나님이요 야곱의
> 하나님이로라 하신 것을 읽어 보지 못하였느냐
> 하나님은 죽은 자의 하나님이 아니요 살아 있는
> 자의 하나님이시니라. 마 22:31-32

하나님은 "나는 아브라함과 이삭과 야곱의 **하나님이었다**"라고 하지 않으셨다. 모세에게 이 말씀을 하신 때가 그들이 죽은 지 이미 수백 년이나 흐른 뒤였는데도 출 3:6 그분은 마치 그들과의 관계가 과거사였다는 듯이 말씀하지 않으셨다.

오히려 "나는 그들의 **하나님이다**"라고 현재 시제를 쓰셨고, 예수님은 거기에 "하나님은 죽은 자의 하나님이 아니요 살아 있는 자의 하나님이시니라"라고 덧붙이셨다. 다시 말해서 참신이신 그분을 자신의 하나님으로 삼은 사람은 모두 영영 죽지 않는다.

한 성경학자는 예수님의 이 말씀을 이렇게 설명

했다. "살아 계신 하나님이 인정하시는 그분의 사람들은 과연 죽을 수 없으며, 따라서 이 땅에서의 삶이 끝난 뒤로도 그분과 함께 살아 있을 수밖에 없다."[3] 이로써 예수님이 확실하게 세우신 원리가 있다. 믿음으로 하나님과 연합하면 이생이 끝난 후에 더 위대한 삶이 기다린다는 것이다.

사두개인들이 제시한 가상의 시나리오에 예수님은 이렇게 답하셨다. "부활 때에는 장가도 아니 가고 시집도 아니 가고 하늘에 있는 천사들과 같으니라."마 22:30

언뜻 보면 죽음이 정말 결혼의 끝이라는 의미처럼 보인다. 물론 부활 때에는 인구를 충원하기 위한 생식이 필요 없으리라는 점에서 우리도 "천사들"과 같아진다. 그때는 죽음이 없을 테니 새 생명을 출산하고 양육하기 위해 필요한 제도였던 결혼이 왜 없어도 되는지 충분히 이해가 된다.

그런데 예수님의 이 말씀을 듣노라면 한 가지 의문이 든다. 그 의문을 R. T. 프랜스는 자신의 마태복음 주석에 이렇게 제기했다. "부부라는 관계로 맺어진 특별한 인연에서 현세의 가장 깊은 기쁨을 누려온 이들은 그 인연이 더는 지속될 수 없다는 말씀에 당황스러울 수 있다."

하지만 프랜스가 지적했듯이 예수님은 "장가도 아니 가고 시집도 아니 가고"라는 표현에 두 가지 동사를 쓰셨는데, 하나는 신부의 아버지가 신부의 손을 신랑에게 건네주던 관습을 가리키고 또 하나는 신랑이 신부를 건네받던 행위를 가리킨다. 다시 말해서 예수님의 말씀인즉 실제로 부부로 짝을 맺는 일은 지속되지 않는다는 것이다.

프랜스의 말은 이렇게 이어진다.

> 그러나 잘 보면 예수님이 천국에 어울리지
> 않는다고 확언하신 것은 사랑이 아니라 결혼이다.
> 천국에서 누릴 관계들은 결혼**보다 못한** 게 아니라
> **더 낫기** 때문이다. 그분은 이 땅에서 맺어진
> 부부간의 사랑이 장차 없어지는 게 아니라 오히려
> 더 넓어져 아무도 배제되지 않으리라 암시하셨다.[4]

C. S. 루이스의 《네 가지 사랑 *The Four Loves*》에 보면 잭C. S. 루이스과 로널드J. R. R. 톨킨와 찰스찰스 윌리엄스라는 삼총사 친구가 나온다. 찰스가 죽은 뒤 잭은 그 결과로 자신이 로널드를 "독점한" 것이 아님을 깨달았다. 오히려 찰스만이 이끌어 낼 수 있던 로널드의 다른 면들을 잭도 영영 잃고 말았다. 다시 말해서 로널드와의 우정을 다른 사람들과 더 많이 공유할수록 잭 자신도 그 우정을 더 많이 누릴 수 있었다. 루이스는 결론 짓기를, 이를 통해 장차 우리가 천국에서 누릴 완전한 사랑의 관계들을 희미하게나마 엿볼 수 있다고 했다. 질투와 이기심이 사라질 그 때를 말이다.[5]

다시 사두개인들이 내놓은 질문으로 돌아가 보자. 부활 때에 그 여자는 일곱 형제 가운데 누구와 결혼할까? 답은 그 형제들 모두와 또한 더 많은 사람들의 아내가 된다는 것이다.

당신이 배우자와 사별한 뒤 재혼해 행복하게 살아왔다면 이 답이 반갑게 들릴 것이다. 답은 그 때에는 모든 사람이 다른 모든 사람과 더불어 가장 친밀한 사랑의 관계로 지낸다는 것이다. 그리스도의 완전한 사랑이 샘물과 강물처럼 우리 안에 흘러들고 또 흘러 나가기 때문이다.

부활 때에도 우리는 천국에서 현세의 배우자와 함께 있을까? 물론이다. 죽은 자들 가운데서 먼저 나신 예수님을 보라. 누가복음 24장에 기록한 엠마오로 가는 길 위에서처럼 그분이 아는 사람들을 만나셨을 때, 그들은 한결 달라지신 그분을 첫눈에 알아보지 못했으나 나중에는 알아보았다. 부활하여 몸이 완전해지셨어도 그분은 여전히 그분이셨고, 친구들도 여전히 그분의 친구였다.

오랜 세월 함께해 온 배우자보다 더 당신의 부활한 새 자아를 능히 기뻐할 사람이 누구이겠는가? 당신의 영혼과 육체에서 모든 죄와 흠이 사라지고 나면 배우자는 무한히 기뻐하며 말할 수 있다.

"당신이 이렇게 될 수 있음을 나는 늘 알았어요. 당신 안에서 그게 보였으니까요. 실제로 보니 정말 멋지군요!"

앞서 뉴턴이 신혼부부에게 보낸 편지를 인용했는데, 거기에 그는 사후에 누릴 우리 서로의 관계를 이

부활의 때에는
모든 사람이 다른 모든 사람과 더불어
가장 친밀한 사랑의 관계로 지낸다.
그리스도의 완전한 사랑이
샘물과 강물처럼 우리 안에 흘러들고
또 흘러 나가기 때문이다.

렇게 기록했다.

인간의 입장에서는 모든 만남에 반드시 헤어짐이
따르는 인생의 이치를 감당하기가 힘들지만
그래도 잠깐의 이별에 불과합니다. 장차 그대들은
영생의 공동 상속자로서 함께 걷고, 동반자로서
영적 기쁨을 서로 나누며, 마침내 영광의 보좌
앞에서 만나 영원히 주님과 함께 있을 것입니다.
그런 광경을 늘 염두에 두고 사십시오. 공의로운
해이신 그분이 그대들의 영혼에 빛을 비추시니
모든 아름다운 것은 더 아름다워지고, 모든
십자가는 거룩해져 그대들을 더 가깝고 친밀하게
그분께 절대적으로 의지하도록 인도할 것입니다.[6]

이 땅에서의 결혼이 끝나면 당신은 그야말로 끝
없는 잔치에 들어가 이 땅에서는 결코 실현 불가능
한 방식으로 지금의 배우자와 연합한다. 아울러 다
른 모든 사람과도 또한 "당신의 영혼의 연인"이신 예
수님과도 연합한다.

감사의 말

이 책을 비롯한 이번 시리즈는 도서출판 바이킹
의 편집자 브라이언 타트에게 평소보다 더 큰 감사
를 빚졌다. 캐시의 여동생 테리 홀의 장례식에서 팀
이 죽음에 대한 짤막한 묵상을 전했는데, 그 설교를
바로 브라이언이 들었다.

그는 우리에게 그 내용을 책으로 펴내되 단권이
아니라 세 권의 소책자로 엮어 태어남과 결혼과 죽
음을 다루자고 제안했다.

지난여름 폴리 비치에서 이 시리즈의 집필을 가
능하게 해 준 사우스캐롤라이나의 많은 친구에게도
감사를 전한다.

주

_____ 1

1. Presbyterian *Book of Common Worship*, "The Order for the Solemnization of Marriage" (Philadelphia: Presbyterian Board of Publication, 1906). 창세기 2장 22-24절에도 나와 있다.

2. Belinda Luscombe, "Why 25% of Millennials Will Never Get Married," *Time*, 2014년 9월 24일, time.com/3422624/report-millennials-marriage/.

3. 다음 책을 참조하라. Robert Bellah 외, *Habits of the Heart: Individualism and Commitment in American Life* (Berkeley & Los Angeles, CA: University of California Press, 2007).

4. Moana, "Where You Are," Mark Mancina & Lin-Manuel Miranda 작사(2016). 얄궂게도 지극히 서구적인 개인주의 방식이 비서구 문화에 속한 (허구의) 소녀에게 어설프게 덧씌워진다. 물론 예술적 표현의 자유를 보장해 줘야 하지만 그래도 공정하게 지적할 것이 있다. 현대 서구에 사는 일반적인 세상 사람들은 자신들의 세계관을 세상 전체 문화를 발전시킬 수 있는 보편 진리로 생각하며, 이 영화는 그 한 예다.

5. 다음 글에 인용된 말이다. Marissa Hermanson, "How Millennials Are Redefining Marriage," Gottman Institute, *Gottman Relationship Blog*, 2018년 7월 3일, www.gottman.com/blog/millennials-redefining-marriage/.

6. 다음은 많은 연구의 단적인 예다. W. Bradford Wilcox, "The

New Progressive Argument: For Kids, Marriage Per Se Doesn't Matter," Institute for Family Studies, 2014년 9월 15일, ifstudies. org/blog/for-kids-marriage-per-se-doesnt-matter-right/.

7. Wendell Berry, *Sex, Economy, Freedom, and Community*, "8장 성, 경제, 자유 그리고 공동체" (New York: Pantheon, 1993), 119.

8. Joe Pinsker, "How Successful Are the Marriages of People with Divorced Parents?" *Atlantic*, 2019년 5월 30일.

9. Pinsker, "How Successful Are the Marriages of People with Divorced Parents?" 인용문에서 진한 글씨로 강조한 부분은 내가 추가했다.

10. Linda J. Waite 외, "Does Divorce Make People Happy? Findings from a Study of Unhappy Marriages," Institute for American Values, 2002년. http://www.americanvalues.org/ search/item.php?id=13.

11. Pinsker, "How Successful Are the Marriages of People with Divorced Parents?"

12. Paula England, "Is the Retreat from Marriage Due to Cheap Sex, Men's Waning Job Prospects, or Both?" Institute for Family Studies, 2017년 11월 1일, ifstudies.org/blog/is-the-retreat-from-marriage-due-to-cheap-sex-mens-waning-job-prospects-or-both.

13. Kyle Harper, *From Shame to Sin: The Christian Transformation of Sexual Morality in Late Antiquity* (Cambridge, MA: Harvard University Press, 2016), 86. 아울러 그 책의 2장 전체인 "The Will and the World in Early Christian Sexuality," 80-133쪽도 참고 하라.

14. Courtney Sender, "He Asked Permission to Touch, but Not to Ghost," *New York Times*, 2018년 9월 7일.

15. Sender, "He Asked Permission to Touch, but Not to Ghost."

16. Sender, "He Asked Permission to Touch, but Not to Ghost."

17. 다음 기사에 인용된 말이다. Carolyn Kaufman, "Why Finding a Life Partner Isn't That Simple," *Psychology Today*, 2013년 4월 20일.

18. 덧붙일 말이 있다. 당신이 혼전 동거 중이라 해도(건강한 결혼 준비가 아니므로 그렇지 않기를 바란다) 이런 제안은 똑같이 적용 가능하다. 다음 책 "프롤로그" 부분을 참조하라. Timothy & Kathy Keller, *The Meaning of Marriage* (New York: Penguin, 2011). 팀 켈러, 캐시 켈러, 《팀 켈러, 결혼을 말하다》(두란노 역간). 동거와 실제 결혼은 아주 다르다. "언제나 뒷문이 열려 있어" 문제가 심각해질 경우 그리로 나가면 그만이라는 생각을 늘 하고 있다면, 이는 관계를 구축하고 문제를 해결하고 가족을 부양하는 등의 수고로운 일을 굳이 지속할 필요가 없다는 뜻이다.

19. Judson Swihart, *How Do You Say "I Love You"?* (Downers Grove, IL: InterVarsity Press, 1977). 이 주제와 관련해 훨씬 잘 알려진 더 근래 인기 서적은 다음 책이다. Gary Chapman, *The 5 Love Languages: The Secret to Love That Lasts* (Chicago: Northfield Publishing, 2010). 게리 채프먼, 《5가지 사랑의 언어》(생명의말씀사 역간).

20. Swihart, *How Do You Say "I Love You"?*, 15.

_____ 2

1. John Newton & Richard Cecil, *The Works of John Newton*, 제6권 (London: Hamilton, Adams & Co., 1824), 132-133.

2. C. S. Lewis, *The Four Loves* (New York: HarperCollins, 2017), 157. C. S. 루이스, 《네 가지 사랑》(홍성사 역간).

3. "우리의 배우자이신 하나님"이라는 주제를 집중 연구한 다음 책을 참조하라. Raymond C. Ortlund Jr., *God's Unfaithful Wife:*

A Biblical Theology of Spiritual Adultery (Downers Grove, IL: IVP Academic, 2003).

4. 다음 책에 인용된 말이다. Henry Wace & C. A. Buchheim 편집, *First Principles of the Reformation* (London: John Murray, 1883). 다음 웹사이트에서 볼 수 있다. https://sourcebooks.fordham.edu/mod/luther-freedomchristian.asp.

_____ 3

1. Francis Schaeffer, *True Spirituality*, "The Fruitful Bride" (Wheaton, IL: Tyndale House, 2001), 72-81. 프랜시스 쉐퍼, 《진정한 영적 생활》 (생명의말씀사 역간).

2. 다음 책에서 다루는 논의를 참조하라. John Murray, *The Epistle to the Romans*, 단권판 (Grand Rapids, MI: William B. Eerdmans, 1971), 244, 특히 각주 7. 존 머리, 《로마서 주석》(아바서원 역간).

3. R. T. France, *The Gospel of Matthew*, The New International Commentary on the New Testament (Grand Rapids, MI: William B. Eerdmans, 2007), 840-41. R. T. 프랜스, 《NICNT 마태복음》(부흥과개혁사 역간).

4. France, *The Gospel of Matthew*, 839. R. T. 프랜스, 《NICNT 마태복음》(부흥과개혁사 역간).

5. C. S. Lewis, *The Four Loves* (New York: HarperCollins, 2017), 78-79. C. S. 루이스, 《네 가지 사랑》(홍성사 역간).

6. John Newton & Richard Cecil, *The Works of John Newton*, 제6권 (London: Hamilton, Adams & Co., 1824), 132-133.